Domingo Faustino Sarmiento

El Chacho
Ultimo Caudillo de la Montonera de los Llanos

STOCKCERO

A863   Sarmiento, Domingo Faustino
SAR   El Chacho, Ultimo Caudillo de la Montonera de los Llanos
        1ª. ed.–
        Buenos Aires : Stock Cero, 2003.
        144 p. ; 23x16 cm.
        ISBN 987-20506-9-4
        I. Título - 1. Narrativa Argentina

Fuente: Segunda edición, Buenos Aires, "La Cultura Argentina", 1925.

Reproducciones fotográficas: Graciela García Romero

Copyright © Stockcero 2003

1º edición: 2003
Stockcero
ISBN Nº 987-20506-?????
Libro de Edición Argentina.

Hecho el depósito que prevé la ley 11.723.
Printed in the United States of America.

Ninguna parte de esta publicación, incluido el diseño de la cubierta, puede ser reproducida, almacenada o transmitida en manera alguna ni por ningún medio, ya sea eléctrico, químico, mecánico, óptico, de grabación o de fotocopia, sin permiso previo del editor.

stockcero.com
Viamonte 1592 C1055ABD
Buenos Aires Argentina
54 11 4372 9322
stockcero@stockcero.com

Domingo Faustino Sarmiento

El Chacho

Ultimo Caudillo de la Montonera de los Llanos

ANGEL VICENTE PEÑALOSA - EL CHACHO-
DAGUERROTIPO

Indice

Prólogo -vii

Antecedentes: Las montoneras provinciales y su amenaza al orden -x

notas al prólogo -xiv

¡En Chile y a pie! -1

Las travesías -11

Reconstrucción -19

San Juan -25

Reacción -37

Alzamiento del Chacho -45

El Chacho en Córdoba -57

La guerra en los Llanos -69

El Chacho en San Juan -87

Las cosas como son -101

La justicia del estado -113

Prólogo

El libro de Sarmiento sobre el general Ángel Vicente Peñaloza, el "Chacho" debe inscribirse entre los testimonios de las dificultades que habitualmente enfrenta la "civilización" para interactuar con la "barbarie" sin perder su condición.

Peñaloza y Sarmiento se habían conocido en Chile durante el período en que coincidieron sus destierros, pero pese a la calidez de Peñaloza –quince años mayor que Sarmiento– ambos siempre representaron visiones diametralmente opuestas en cuanto a qué sociedad deseaban a su alrededor.

En 1862, al momento de ser designado Sarmiento gobernador interino y posteriormente titular en San Juan, la zona se hallaba convulsionada por la rebelión del "Chacho" quien, invocando el recuerdo de su campaña al lado del general Lavalle, se había alzado contra el gobierno nacional en la confianza de que Urquiza lo apoyaría aún cuando esto le significara traicionar principios constitucionales que había jurado acatar.

Su constante desafío a Buenos Aires –luchó contra Rosas en el bando unitario y ahora lo hacía contra Mitre en el bando federal– deberá entenderse más como un rechazo a la autoridad emanada de leyes que a aspectos ideológicos o de lealtades. Su rápido accionar entre La Rioja y San Luis, levantando grupos adictos en Cuyo y atacando en Córdoba, le permitía obtener triunfos circunstanciales para luego ofrecer la paz, que no respetaba para recomenzar el ciclo.

Esta falta de principios comunes sobre los cuales edificar un puente de entendimiento irritaba profundamente a Sarmiento. Mientras Mitre opinaba que había que combatir a Peñaloza con acciones de policía, Sarmiento no encontraba otra salida que proponer una guerra de exterminio: en carta dirigida a Mitre en marzo de 1863 escribe"*Si Sandes va* (se refiere a uno de los oficiales orientales del ejército en operaciones), *déjelo ir; si mata gente cállense la boca; son animales bípedos de tan perversa condición que no sé qué se obtenga con tratarlos mejor*".

El exabrupto, proveniendo de quien representa el epítome del librepensador, defensor de las libertades individuales y el fomento de la educación como base de acción civilizadora para erradicar la barbarie, ha constituido por años una trampa en la cual ha caído más de un revisionista detractor.

Más que una falla de carácter, esta reacción de Sarmiento deberá encuadrarse en el marco completo de su personalidad: un carácter apasionado que, ferozmente espoleado por la muerte estúpida y cruel de su amigo el Dr. Antonio Aberastain (1) a manos de los "*improvisados caudillejos, salidos apenas de las tolderías de los indios, a quienes el gobierno confiaba misiones judiciales o ejecutivas*"(2), cede momentáneamente en su dolor y se comporta en los papeles como un bárbaro,.para luego sobreponerse y, muy lejos de obrar mezquinamente buscando la venganza, vuelve a sus cauces.

No pueden caber mayores dudas sobre que enfrentado con la disyuntiva de actuar, o dar la orden de actuar, de la forma que surge de su carta, Sarmiento hubiera encontrado los frenos para no "comerse al caníbal para acabar con la antropofagia", pero de todos modos su escrito refleja el doloroso dilema que enfrenta a diario aún hoy la sociedad civilizada para defenderse de quienes no comparten la sustancia de su base moral, ni los valores que de ella emanan.

En el caso que nos ocupa la mejor prueba de la dimensión ética de Sarmiento es su gestión de gobierno, iniciada tan sólo 5 años más tarde, durante la cual se concentró en llevar a la práctica sus ideas liberales y principios democráticos de respeto por los derechos civiles para construir una nueva Argentina. Buscó el fin de la guerra contra el Paraguay heredada por su administración y se abocó a transformar un país despoblado y altamente analfabetizado fomentando la inmigración y construyendo escuelas primarias, secundarias, escuelas normales y colegios para entrenamiento profesional y técnico, así como bibliotecas y museos.

Volviendo a la cronología de los hechos: el 17 de Septiembre de 1861, Buenos Aires y la Confederación nuevamente se enfrentan en Pavón. Esta vez el triunfo correspondió a los porteños, al retirarse Urquiza inopinadamente*. Mitre se hizo cargo del Poder Ejecutivo Nacional y, bajo la hegemonía del puerto, consumó la unificación nacional. Para pacificar las provincias fueron nombrados varios interventores y Sarmiento, que acompañó la expedición comandada por Wenceslao Paunero, fue elegido Gobernador de San Juan. Sarmiento, ascendido a coronel y director de la guerra, aplicó el estado de sitio dentro de la jurisdicción provincial (motivo de una larga polémica con Guillermo Rawson, que defendía la competencia exclusiva del gobierno nacional para dictar esta medida de excepción), y pese a los acosos de la montonera realiza una vasta labor en su provincia.

Hasta que el 12 de noviembre de 1863 muere Peñaloza en Olta, donde se había refugiado después de ser derrotado en Caucete y Bajo del Gigante.

Sarmiento para esa fecha ya había dejado la conducción de la guerra y no ordenó ni fue responsable directo del episodio durante el cual el mayor Pablo Irrázabal lanceó al Chacho y posteriormente lo mandó a fusilar y decapitar, pese a encontrarse ya sin armas y rendi-

---

* Existe la opinión de que la muerte de Abarastain a manos dl enviado de Juan Saa actuó como revulsivo e impulsor a la reflexiónpacificadora

do a las fuerzas del gobierno. Si bien la escrupulosa investigación del historiador Horacio Videla (Historia de San Juan, San Juan, Academia del Plata, tomo V, pp. 337 y siguientes) ha establecido la no responsabilidad de Sarmiento en estos actos, esto no disminuye el hecho notorio de haber recibido con honores al mayor Irrazábal.

Cuestionado hasta por Mitre por su durísima actuación, Sarmiento se vió obligado a renunciar a la gobernación en 1864 y aceptar una misión diplomática en Chile, Perú y Estados Unidos.

De su implacable lucidez y dimensión ética da cuenta la dolorosa reflexión, volcada en la carta que un año más tarde (1865) escribiera a Nicolás Avellaneda "Necesitamos fundar gobiernos y no hemos dado este ejemplo aún. Hace medio siglo que vamos marchando con la sangre en los tobillos para ser libres y dejar a nuestros hijos la seguridad y la quietud."

Antecedentes: Las montoneras provinciales y su amenaza al orden

El orden surgido de Pavón a través de la alianza entre Urquiza y Mitre contaba con el respaldo de varios gobiernos provinciales considerados "liberales". Sin embargo el cuadro de las provincias después de Pavón bajo ningún concepto podía ser considerado homogéneo: varios caudillos y gobernadores provinciales resentían el carácter pacífico de la autoridad de Urquiza, e incluso esperaban un nuevo "pronunciamiento", esta vez contra Mitre. Entre quienes desafiaban el orden mitrista estaba el caudillo riojano Angel Vicente Peñaloza, quien a principios de 1862 inició desde La Rioja un movimiento contra los gobernadores liberales.

Dada la dificultad de vencer a la montonera, cuya táctica guerrillera se basaba en no presentar batalla abierta, Mitre decidió negociar -como en los días de Pavón- a despecho de los elementos intransigentes que desde el liberalismo porteño y provincial abogaban por el exterminio del caudillo, como un jalón en la lucha de la "civilización" contra la "barbarie".

Para alivio de Mitre, la paz se firmó el 30 de mayo de 1862 en La Banderita, acordándose que el "Chacho" se encargaría de pacificar La Rioja con la ayuda de su lugarteniente, el teniente coronel Felipe Varela. Sólo por un corto tiempo fue posible mantener así la calma. En un año, ante la difícil situación económica de la provincia que llevaba a sus paisanos a optar por la vida montonera, resurgió el Peñaloza anterior. Las injusticias sufridas por los habitantes de las provincias a causa de la guerra civil eran el aspecto de la situación, expuesto por Peñaloza al presidente Mitre el 10 de abril de 1863, en los siguientes términos:

"Después de la guerra exterminadora no se han cumplido las promesas hechas tantas veces a los hijos de esta desgraciada patria. Los gobernantes se han convertido en verdugos de las provincias, atropellan las propiedades de los vecinos y destierran y mandan matar sin forma de juicio a ciudadanos respetables por haber pertenecido al Partido Federal". (Carta del "Chacho" Peñaloza al presidente Bartolomé Mitre, 10 de abril de 1863)

A diferencia de la actitud negociadora adoptada durante la primera guerra del "Chacho", esta vez Mitre encomendó al más encarnizado enemigo de la "barbarie", Domingo Faustino Sarmiento, la "guerra de policía" contra Peñaloza y sus fuerzas. Sarmiento, gobernador de San Juan y director de la guerra por nombramiento de Mitre, junto con otros generales mitristas, hostigaron al Chacho, quien terminó siendo derrotado y asesinado por el mayor mitrista Irrazábal.

La por demás compleja tarea que Mitre tenía por delante era organizar el Estado Nacional, garantizar la modernización económica y crear los mecanismos institucionales adecuados para el funcionamiento de un país unificado pero no uniformado. Las luchas facciosas atentaban contra esto, y afectaban tanto al liberalismo como al federalismo, amenazando a sus respectivos jefes, Mitre y Urquiza, quienes buscaron mantener el orden a cualquier precio.

Para Mitre, el precio fue el compromiso en una guerra internacional contra el régimen paraguayo de Francisco Solano López. Para

Urquiza, la obligación de adoptar un rol pasivo frente a las montoneras provinciales -que conspiraban contra el orden pactado con Mitre- y al presidente paraguayo. Este rol pasivo de Urquiza implicaba la reafirmación de la alianza convenida en Pavón. Para Mitre, empujado por los liberales tanto nacionalistas como autonomistas, la Guerra de la Triple Alianza contra Paraguay constituyó un instrumento -el más extremo y evidente quizás- de los adoptados en la búsqueda de la consolidación de un Estado nacional.

La decisión de reeditar este libro, aparentemente menor entre la producción de Sarmiento, obedece a la voluntad de echar luz sobre las primeras manifestaciones de ciertos rasgos de la vida pública argentina que explican muchos episodios que jalonan historia de frustraciones del país.

El enfrentamiento de dos conceptos de administración civil continúa hasta hoy corroyendo el andamiaje de la sociedad argentina.

Uno –liberal– considera primordial el establecimiento de leyes comunes y el acatamiento sin cortapisas de las mismas, sin importar si contrarían las aspiraciones del poder de turno o de los grupos de presión que lo rodean; el otro –que engloba desde el mal llamado "nacionalismo" hasta el también equívoco "progresismo"– determinan que es el poder emanado del pueblo quien debe dictar las leyes y adaptarlas a las necesidades momentáneas para cumplimentar mejor su mandato. Resultan claras las dificultades de precisar cuál es la "voluntad del pueblo", por lo cual esta tendencia ha adoptado las más variadas prácticas que abarcan desde el mesianismo hasta la dictadura de las encuestas más o menos disfrazadas de plebiscitos.

Así se puede percibir un hilo conductor que, con posterioridad al despegue del país gracias a la administración de la "generación de 1880", reaparece en forma muy manifiesta en el golpe de Uriburu en 1930, y se continúa sin interrupción pudiendo observarse con claridad en las prácticas de los representantes de todos los signos políticos hasta el día de hoy.

Los engendros que surgen del intento de compatibilizar uno con el otro se pueden percibir en las acciones del gobierno que todos los estratos de la sociedad argentina curiosamente han aceptado –aunque más no sea en forma tácita– denominar "neoliberal", aunque el término "neocorporativista" se le aplicaría con mayor precisión.

El deseo de endulzar lo que los romanos percibían como "dura lex, sed lex" ha llevado a aceptar que ciertos principios básicos de sana administración fueran dejados de lado, con lo cual la confusión se ha hecho mayor: la frustración actual de la sociedad argentina se debe a un fracaso del "liberalismo", o a la falta de práctica del mismo? Puede el liberalismo simultáneamente dar satisfacción a los deseos inmediatos de quienes dicen interpretar a la sociedad y al mismo tiempo asegurar la base para el progreso futuro?

Son preguntas que en Argentina deben hoy plantearse sinceramente.

Sarmiento fija una posición clara. Sus resultados, reflejados en el crecimiento argentino de principios del siglo XX, también.

Pablo Agrest Berge
Abril 2003

NOTAS AL PRÓLOGO

(1) La amistad del Dr. Antonio Aberastain y Sarmiento abarcó toda su vida, ya que se conocieron durante la infancia en San Juan y trascendió tiempo y fronteras, como lo atestiguan las muchas cartas cruzadas entre ambos.
Sarmiento requirió de su Inteligencia y apoyo cuando, en el exilio, publicó el Facundo. Aberastáin recibió correspondencia y permanente aliento y consejo de su amigo en los días inmediatos a su trágica muerte.
Del carácter de Aberastain dan cuenta sus sobrenombres "Padre Eterno" (en el colegio de Ciencias, por su circunspección y seriedad) y "el buey" (en la Universidad, por su mansedumbre y pesada figura), así como el hecho de que habiendo sido nombrado en 1832 para un cargo en el Ministerio de Hacienda, no aceptó por no tener el dinero necesario para comprarse un frac, vestimenta adecuada para concurrir a la oficina, razón que ocultó a su benefactor.

(2) **Circunstancias de la Muerte de Aberastain:**
Luego del triunfo de Urquiza en Caseros Aberastain vuelve a San Juan, para ejercer como abogado. Elegido diputado al Congreso General Constituyente, su apego a la ley escrita lo lleva a rechazar la designación por no tener la provincia de Bs. As. representación en el mismo, habiendo declarado su Legislatura, luego del golpe de estado de Urquiza del 24 de junio de 1852, no reconocer ningún acto emanado de dicho congreso.
En 1859, el Cnel. José A. Virasoro fue nombrado gobernador interino de San Juan en forma. Y el 8 de septiembre de 1860 la legislatura, dominada por sus seguidores, lo nombra "Gobernador Propietario", titulo que aun cuando su significado cabal es de "Gobernador Titular", la peculiar elección del término no deja de ser por demás sugestiva e indicadora de las prácticas de gobierno que de él esperaba su entorno. La reunión ese año en Santa Fe de la convención Nacional que debía estudiar a la Constitución Nacional, dió pié para que las elecciones para diputados por San Juan a dicha convención fueran digitadas por Derqui, siendo los diputados nombrados por Virasoro sin intervención del pueblo sanjuanino. Un tucumano, dos porteños, un correntino, todos extraños a la provincia pese a la disponibilidad de tantos hombres ilustrados como podía exhibir San Juan, constituyó un premeditado agravio Además de inconstitucional, la medida era típica de las decisiones políticas arbitrarias y despóticas del gobernador y su desprecio por los sanjuaninos (a quienes llegó a amenazar con llenar zanjas con sus cabezas). Las protestas de los ciudadanos de San Juan frente a la irregular elección de sus diputados, fueron escuchados por la Convención Constituyente, que a raíz de

ello rechazó los enviados por Virasoro.
Virasoro, menoscabada su condición de "Gobernador Propietario" da comienzo a una dura persecución contra sus opositores. Aberastain es uno de ellos y, acusado de conspiración, es vejado, engrillado y encarcelado y luego deportado a Mendoza.
Existe una nutrida correspondencia intercambiada por Sarmiento y Aberastain en 1860, previa a los trágicos sucesos que conmoverían a la Nación. Particularmente conmovedora es la que escribe el exiliado a su amigo el 3 de noviembre. En ella le relata las circunstancias de su injusta prisión " *y un irrisorio aparato de juicio*" que lo condenó al exilio.
En esas circunstancias Aberastain y sus compañeros de destierro elevan al director del Nacional, diario de Buenos Aires, para su publicación, un folleto titulado "*Protesta del Dr. Aberastain y demás víctimas de la tiranía de Don. José Virasoro*". En él se relatan las violencias e injurias que ha sufrido junto a sus compañeros, y termina con un opúsculo "*Las garantías violadas en San Juan*" y una carta a Sarmiento, enviada desde Mendoza el 9 de noviembre.
El 16 de noviembre de 1860, mientras Aberastain se encuentra en Mendoza, el pueblo de San Juan se levanta en armas contra Virasoro. Ese dia es asaltada su casa por un grupo armado, cae el gobernador con un sablazo en el cráneo, y se produce un generalizado tiroteo donde mueren numerosos atacantes y defensores.
Ese mismo día, sin noticias de los acontecimientos, el Presidente de la Confederación, Derqui, el Gobernador, de Buenos Aires, Mitre y el de Entre Rios, Urquiza, reunidos en el palacio San José, envían una carta a Virasoro, en la que le exhortan que "*tuviera la abnegación y el patriotismo de abandonar el poder*".
Luego del episodio sangriento Francisco Coll es elegido como gobernador interino, y designa a Aberastain como uno de sus ministros.
Una poco clara maniobra política de Derqui da pie a que el 7 de diciembre Juan Saa, gobernador de San Luis, comunique a Coll que ha recibido del gobierno Federal el nombramiento de Interventor en San Juan. Coll decide renunciar y dejar el mando a un hombre más apto para actuar en tan difícil situación. El 11 de diciembre de aquel año Aberastain es elegido y ratificado gobernador por la Legislatura de San Juan, aunque decide no asumir formalmente hasta aclarar la situación con el interventor Saa. Para eso envía una comisión encabezada por el presbítero Timoteo Maradona, el presidente de la Legislatura, Ruperto Godoy y el diputado Alberto Laprida , quienes no encuentran ninguna disposición al diálogo.
Por el contrario, Saa les manifiesta que desconoce la autoridad de Aberastain y que repondrá a las autoridades existentes antes del movimiento, previo castigo a los culpables de la muerte de Virasoro. Saa, fiel al estilo caudillesco que lo hermanaba con Virasoro, le importa la venganza más que la Justicia. Así separa del mando de sus tropas a los coroneles Paunero y Conesa, que son reacios a usar las ar-

mas contra un gobierno y una población ya pacificadas. Fracasada la misión negociadora, Aberastain igual asume el gobierno el 29 de diciembre. Inmediatamente pone la provincia en asamblea, crea los batallones Unidad Nacional, Libertad, Constitución y 25 de Mayo. Dos batallones de extramuros, un regimiento de caballería y una maestranza para la fabricación de material bélico. Dirige al pueblo una proclama desconociendo la intervención del Gobernador Juan Saa por ilegal y atentatoria a los derechos del pueblo de San Juan, y promete *"Consagrar todos mis esfuerzos a la defensa de sus derechos contra cualquier agresión"*.

Además de las del sentimiento, existían razones jurídicas que le asistían. Aberastain era un hombre de derecho, y llevaba la justicia arraigada en su corazón y en su estilo de vida, y nada le era mas odioso que el atropello a la ley, por cuya vigencia luchó toda su vida. Mucho había costado a los pueblos de las Provincias Unidas promulgar una constitución, y este sabio instrumento, vigente desde 1853, consagraba derechos y garantías por las cuales el gobierno federal daba a cada provincia el goce y ejercicio de sus instituciones.

Derrocado el gobierno de Virasoro, ilegitimo por haber sido elegido sin intervención del pueblo, son las autoridades provinciales ungidas por voluntad de los sanjuaninos. En conclusión: el gobierno que ejercía Aberastain, habiendo sido elegido por los representantes del pueblo, estaba legítimamente constituido, El Gobierno Federal mencionado por la Constitución aprobada está constituido por los tres poderes del estado. Pero el decreto de intervención a la provincia de San Juan comprendió sólo al Ejecutivo Federal. con exclusión de los dos poderes restantes.

A lo dicho se agrega que el decreto aludido, atribuye a la situación sanjuanina *"Un estado de pillaje, arbitrariedad y desenfreno"* completamente ajeno a la realidad. Por el contrario, ha vuelto a la provincia, con sus legítimos gobernantes, la paz y el orden perdidos durante el gobierno de Virasoro.

La presencia a las puertas de la ciudad de un ejército en son de guerra era injustificable, al puntio que algunos de sus jefes debieron ser reemplazados por negarse a actuar. Por lo tanto, Aberastain, al resistir con las armas una intervención denominada federal, actuó según su conciencia, de acuerdo a derecho, seguro de la justicia de su causa y de su deber como gobernador de San Juan.

El desigual combate entre las tropas bisoñas comandadas por Aberastain y las experimentadas de Saa se produjo en un paraje llamado "Rinconada del Pocito" el 11 de enero de 1861. En media hora fueron vencidos los heroicos defensores. Con ellos cae lo mejor de la juventud de San Juan, unos 300 hombres, la mayoría ejecutados "a lanza seca". Aberastain es tomado prisionero y fusilado por la espalda por el Cnel. Clavero, sentado sobre un montículo de rocas, en un lugar llamado Alamos de Barbosa, al día siguiente.

"Ha muerto Aberastain. El hombre probo, el ilustrado, el de impecable

moral, esperanza de su pueblo provinciano y arquetipo de ciudadano para organizar una república. Ha muerto Aberastain, el hombre de armonías de leyes, de letras, que al igual que Belgrano, ha debido tomar las armas para defender el derecho" escribiría Sarmiento.

El crimen desata un clamor de indignación: Derqui pide la cabeza de Clavero, como si el mandadero, fuera responsable del drama. Urquiza manifiesta *"La barbara muerte del Dr. Aberastain me ha hecho hervir la sangre. Es un crimen inútil que condeno con toda la energía de mi alma"*. Y a Sarmiento le han matado al amigo de su corazón *"He debido a este hombre, bueno hasta la medula, enérgico sin parecerlo, humilde hasta anularse, la estimación de mi mismo, por las muestras que me prodigaba"*, *"Nunca ame a nadie como ame a Aberastain, hombre alguno ha dejado mas hondas huellas en mi corazón de respeto y aprecio"*. Al recibir la noticia de su muerte, escribió en La Tribuna su biografía y la condena a sus asesinos.

El sacrificio de Aberastain es determinante de la escisión de Buenos Aires de la Confederación. Se desata Pavon. El Gral. Urquiza retira en combate, invicta y asombrada, su formidable caballería entrerriana, en aras de la paz y de la unión. Y Mitre, presidente de la Nación reunificada, diría ante el congreso: *"Los art. 5 y 6 de la Constitución Nacional, han sido ilustres desde la tumba por los mártires del Pocito"*. Para siempre en la historia argentina, ha de ser Aberastain paladín emblemático de las autonomías provinciales y ejemplo cívico en defensa de la Constitución recién nacida, hollada por un Poder Ejecutivo prepotente y el espíritu de venganza de un caudillo.

¡En Chile y a pie!

En septiembre de 1842, cuando todavía no dan paso las nieves que se acumulan durante el invierno sobre la areta central de los Andes, un grupo de viajeros pretendía desde Chile atravesar aquellas blancas soledades, en que valles de nieve conducen a crestas colosales de granito que es preciso escalar a pie, apoyándose en un báculo, evitando hundirse en abismos que cavan ríos corriendo a muchas varas debajo; y con los pies forrados en pieles, a fin de preservarse del contacto de la nieve que, deteniendo la sangre, mata localmente los músculos haciendo fatales quemaduras.

Los *Penitentes* ; columnas y agujas de nieve que forma el desigual deshielo, según que el aire o el sol hieren con más intensidad, decoran la escena, y embarazan el paso cual escombros y trozos de columnas de ruinas de gigantescos palacios de mármol. Los declives que el débil calor del sol no ataca, ofrecen planos más o menos inclinados, según la montaña que cubren, y descenso cómodo y lleno de novedad al viajero, que sentado se deja llevar por la gravitación, recorriendo a veces en segundos distancias de miles de varas. Este es quizá el único placer que permite aquella escena, en que lo blanco del paisaje sólo es accidentado por algunos negros picos demasiado perpendiculares para que la nieve se sostenga en sus flancos, formando contraste con el cielo azul-oscuro de las grandes alturas.

Los temporales son frecuentes en aquella estación, y aunque hay de distancia en distancia casuchas para guarecerse, si no se ha tenido la precaución de examinar el aspecto del campanario, que es el más elevado pico vecino, y asegurarse de que ninguna nubecilla corona sus agujas, o vapores cual lana desflecada empiezan a condensarse a sus flancos, grave riesgo se corre de perecer, perdido el rumbo entre casucha y casucha, casi cegadas por la caída de copos de nieve tan densa que no permite verse las manos.

Aquella vez no eran los viandantes ni el correísta que lleva la valija a espaldas de un mozo de cordillera, ni transeúntes, de ordinario extranjeros que buscan este arriesgado paso del Atlántico al Pacífico. Eran emigrados políticos que, a esa costa, regresaban a su patria contando con incorporarse al ejército del general La Madrid, antes que se diese la batalla que venía a librarle el general Oribe a marchas forzadas desde Córdoba.

Al asomar las cabezas sobre la cuesta de Las Cuevas, desde donde se divisa la estrecha quebrada hasta la Punta de las Vacas, tres bultos negros como negativos de fotografía fue lo primero que vieron destacarse sobre el fondo blanco del paisaje. Los viajeros se miraron entre sí y se comprendieron. ¡Nada bueno auguraban aquellas figuras! Mirando con más ahínco hacia adelante, creyeron descubrir otros puntos negros más lejos, y allá en lontananza otro al parecer más largo, porque largas sin ancho son las líneas que describen los viandantes por las nieves, poniendo el pie los que vienen en pos sobre la impresión que deja el que les precede. ¡Derrotados!, exclamó uno meneando con desencanto profundo la cabeza; y precipitándose por el declive, descendieron hasta la casucha que está al pie, del lado argentino de la cordillera, donde a poco se acercaron los que de Mendoza venían. ¿Derrotados?, preguntáronles aquéllos a éstos desde lejos, poniéndose las manos en la boca para hacer llegar la voz; ¡derrotados!, repitieron los ecos de las montañas y las cavernas vecinas. Todo estaba dicho.

Luego se supieron los detalles de la batalla de la Ciénaga del Medio; luego llegaron otros y otros grupos, y siguieron llegando todo el día, y agrupándose en aquel punto inhospitalario, sin leña, sin más abrigo que lo encapillado, sin más víveres que los que cada uno podría traer consigo. Al caer de la tarde, llegaron noticias de la retaguardia, donde venían La Madrid, Alvarez y los demás jefes, de haber sido degollados los rezagados en Uspallata, entre ellos el comandante Lagraña y seis jefes más.

Sólo los familiarizados con la cordillera podían medir el peligro que corrían aquellos centenares de hombres, entre los que se contaban por cientos, jóvenes de las primeras familias de Buenos Aires y las provincias del norte, restos del Escuadrón Mayo formado de entusiastas, que a tales y a mayores riesgos se exponían luchando contra el tirano Rosas. No había que perder un minuto, y los mismos viajeros en hora menguada para ellos, pero providencial para los otros, volvieron a desandar el penoso camino, sin darse descanso hasta llegar al valle de Aconcagua, del otro lado de Los Andes.

Fue en el acto dada la alarma, montada una oficina de auxi-lio, y merced a sus antiguas relaciones, y de algún dinero de que podían disponer, horas después partían para la cordillera baqueanos cargados de carbón, cueros de carneros, charqui, cuerdas, ají, y demás objetos indispensables en aquellos parajes, a fin de acudir a lo más urgente; mientras que la pluma corría con rapidez febril, invocando el patriotismo de los argentinos, la filantropía de los chilenos, la munificencia del gobierno a que podían apelar seguros de que las simpatías personales harían grato el desempeño de un deber de humanidad; y así puestas en acción la opinión por la prensa, la caridad por asociaciones, y la administración, en tres días empezaron a llegar médicos, medicinas, dinero, ropas, abrigo y comodidades para mil hombres que decían ser los desgraciados.

¡Harta necesidad habría de médicos! El temido temporal se había declarado, y era preciso ser vecino de Los Andes, donde la cordillera es un libro que hasta los niños saben leer, para imaginarse la angustia general de los que con pavor vieron sustituirse pardas nubes a los nevados picos de Los Andes centrales que se cubrieron, dejando al sol en el valle iluminar la escena sólo para que los extraños pudiesen contemplarla de lejos sin poder prestar auxilio a las víctimas. Mídese la fuerza del temporal por la intensidad de las nubes y su color sombrío, y cada hora, transcurrido el primer día, como cuando se oye de lejos el fuego de la batalla, calculábase el número de helados entre mil. Espectáculo sublime y aterrador, tranquilo en sus efectos, afligente hasta desgarrar el corazón del que lo contempla, como se ve venir la nave a estrellarse fatalmente en las rocas; o cundir el incendio sin la última esperanza de ver echarse por las ventanas, o poner escaleras para los que rodean las llamas.

El cielo se apiadó al fin, y un día después de tres de angustia, se supo que sólo habían perecido siete, y sido necesario amputar otros tantos, pues que los médicos estaban ya al pie de la cordillera. Un cuadro del pintor sanjuanino Rawson ha idealizado la escena del arribo de los primeros chilenos que rompieron la nieve, y se abrieron paso hasta el teatro de la catástrofe. El calor o el techo de la casucha habían salvado dentro y fuera a trescientos, una roca inclinada abrigado a ciento, los ponchos al resto conservando el calor apiñados estrechamente. Salvada la vida, el hombre tenía a mano con qué saciarse.

Entre aquellos prófugos se encontraba el Chacho, jefe desde entonces de los *montoneros* que antes había acaudillado Quiroga; y ahora, seducido su jefe por el heroísmo desgraciado del general Lavalle, habíase replegado a las fuerzas de La Madrid, y contribuido no poco, con su falta de disciplina y ardimiento, a perder la batalla. Llamaba la atención de todos en Chile la importancia que sus compañeros generalmente cultos daban a este paisano semibárbaro, con su acento riojano tan golpeado, con su chiripá y atavíos de gaucho. Recibió como los demás la generosa hospitalidad que les esperaba, y entonces fue cuando, preguntado cómo le iba, por alguien que lo saludaba, contestó aquella frase que tanto decía sin que parezca decir nada: *¡Cómo me a dir, amigo! ¡En Chile y a pie!*

Este era el Chacho en 1842, y ése era el Chacho en 1863 en que terminó su vida. Ni aun por simple curiosidad merece que hablemos de su origen. Dícese que era fámulo de un padre, quien al llamarlo, para acentuar el grito, suprimía la primera sílaba de *muchacho,* y así se le quedó por apodo Chacho; y aunque no sabía leer, como era de esperarse de un familiar de convento, acaso el haberlo sido le hiciese valer entre hombres más rudos que él. Firmaba sin embargo con una rúbrica los papeles que le escribía un amanuense o tinterillo cualquiera, que le inspiraba el contenido también; porque de esos rudos caudillos que tanta sangre han derramado, salvo los instintos que les son propios, lo demás es obra de los pilluelos oscuros que logran hacerse favoritos. Era blanco, de ojos azules y pelo rubio cuando joven, apacible de fisonomía cuanto era moroso de carácter. A pocos ha hecho morir por orden o venganza suya, aunque millares hayan perecido en los desórdenes que fomentó. No era codicioso, y su mujer mostraba más inteligencia y carácter que él. Conservóse bárbaro toda su vida, sin que el roce de la vida pública hiciese mella en aquella naturaleza cerril y en aquella alma obtusa.

Su lenguaje era rudo más de lo que se ha alterado el idioma entre aquellos campesinos con dos siglos de ignorancia, diseminados en los llanos donde él vivía; pero en esa rudeza ponía exageración y estudio, aspirando a dar a sus frases, a fuerza de grotescas, la fama ridícula a que las hacía recordar, mostrándose así cándido y el igual del último de sus *muchachos* . Habitó siempre una ranchería en Guaja, aunque en los últimos años construyó una pieza de material, para alojar a los *decentes,* según la denominación que él daba a las personas de ciertas apariencias que lo buscaban. Hacía lo mismo con sus modales y vestidos: sentado en posturas, que el gaucho afecta, con el pie de una pierna puesto sobre el muslo de la otra, vestido de chiripá y poncho, de ordinario en mangas de camisa, y un pañuelo amarrado a la cabeza. En San Juan se presentaba en las carreras, después de alguna incursión feliz, si con pantalones colorados y galón de oro, arremangados para dejar ver calcetas caídas que de limpias no pesaban, con zapatillas a veces de color. Todos estos eran medios de burlarse taimadamente de las formas de los pueblos civilizados. Aun en Chile, en la casa que lo hospedaba, fue al fin preciso doblarle las servilletas a fin de salvar el mantel que chorreaba al llevar la cuchara a la boca. En los últimos años de su vida consumía grandes cantidades de aguardiente, y cuando no hacía co-rrerías, pasaba la vida indolente del llanista, sentado en un banco, fumando, tomando mate, o bebiendo. Las carreras son, como se sabe, una de las ocupaciones de la vida de estos hombres, y en los Llanos ocasión de reunirse varios días seguidos gentes de puntos distantes. Las nociones de lo tuyo y lo mío no son siempre claras en campañas donde el dios Término no tiene adoradores, y menos debían estarlo en quien vivía de los rescates, auxilios, y obsequios que recibía en las ciudades que visitaba con sus hordas disciplinadas. Entregadas éstas en San Juan al saqueo e incendio de las propiedades, en presencia de Derqui, que así preparó su candidatura a la presidencia, queriendo poner coto a desórdenes que amenazaban arrasar con todo, dióse una orden de pena de la vida a quienes fuesen sorprendidos saqueando. Tomados cinco, el Chacho solicitó, en nombre de sus servicios, y obtuvo el perdón de todos, no obstante que el Comisionado nacional contaba con un regimiento de línea mandado por el general Pedernera, que fue vicepresidente; y todos los degüellos, salteos y asesinatos, que tuvieron lugar después, sin que pueda culpársele de ordenarlos, obtuvieron siempre la bondadosa y obtemperante indulgencia del Chacho.

Su papel, su modo de ganar la vida, digámoslo así, era *intervenir* en las cuestiones y conflictos de los partidos, cualesquiera que fuesen, en las ciudades vecinas. Apenas ocurría un desorden el Chacho acudía, dándose por interesado de alguna manera. Así había servido a Quiroga, Lavalle, la Madrid, Benavides, Rosas, Urquiza y Mitre. A favor o en contra de alguien había invadido cuatro veces a San Juan, tres a Tucumán, a San Luis y Córdoba una. Su situación en la República Argentina, con su carácter y medios de acción, era la de los cadíes de las tribus árabes de Argel, recibiendo de cada nuevo gobierno la investidura, y cerrando el último los ojos a las *razzias* que tenía hechas para robar sus ganados a las otras tribus.

Y sin embargo, este jefe de bandas que subsiste treinta años no obstante los cambios que el país experimenta, y mientras los gobiernos que lo emplean o toleran sucumben, fue derrotado siempre que alguien lo combatió, sin que se sepa en qué encuentro fue feliz, pues de encuentros no pasaron nunca sus batallas, sin que esta mala estrella disminuyese su prestigio con los que lo seguían, ni su importancia para los gobiernos que lo toleraban.

Conocido este singular antecedente, la mente se abisma buscando la atracción que ejercía sobre sus secuaces, sometiéndose por seguirlo a privaciones espantosas, al atravesar desiertos sin agua, experimentando derrotas en que perecen siempre los que por mal montados no pueden escapar a la persecución de sus contrarios. Tiene en los Llanos la misma explicación que en los países árabes la vida del desierto, pues aquella parte de La Rioja lo es, aunque tiene pastos; es de privaciones, pobreza y monotonía. Las excursiones hacen sentir la vida, despiertan esperanzas, llenan la imaginación de ilusiones. Irán a las ciudades, donde hay goces, alimentos variados, vino, caballos excelentes, vestido; y estos estímulos bastan para hacerles afrontar peligros posibles, privaciones, que al fin de cuenta, son las mismas a que están habituados diariamente.

El bárbaro es insensible de cuerpo, como es poco impresionable por la reflexión, que es la facultad que predomina en el hombre culto; es por tanto poco susceptible de escarmiento. Repetirá cien veces el mismo hecho si no ha recibido el castigo en la primera. El bárbaro huye pronto del combate; y seguro de su caballo, la persecución que no lo alcanza, no ejerce sobre su ánimo duraderos terrores. Volverá a reunirse lejos del peligro, sin echar muchas cuentas sobre los que más tarde pudieran sobrevenirle. ¿Concíbese de otro modo cómo Peñalosa emprende una guerra, cuando, sometida toda la República en 1862, había cuerpos de ejército victoriosos en Catamarca al norte, en Córdoba al Este, en San Juan al sur? Y sin embargo, esto lo repite cada uno de esos campesinos a su turno. Oyendo Elisondo el tiroteo de Las Lomas Blancas, interceptando el parte del combate que da por aniquilado al Chacho, él, que había permanecido tranquilo hasta entonces, levanta una montonera que nunca contó cien hombres, y molesta y fatiga largo tiempo a los ejércitos regulares. Cuando el coronel Arredondo seguía la pista al Chacho supo, decía, por los *licenciados* que alcanzaba, que se dirigía a San Juan. Los licenciados eran los que por favor, ocupaciones o enfermedad no lo habían seguido antes; pero al saberse que iba a San Juan, es decir, a Orán o Bujía, de quinientos hombres que llevaba, su número ascendió a más de mil, con los que no estaban para eso ni enfermos ni ocupados.

De los prisioneros tomados, sólo quince en más de ciento, no tuvieron quien solicitase su libertad, y los acreditase de honrados, lo que probaba que eran todos gente conocida y con familia. El robo, que era esta vez el estímulo, era sólo reputado un botín legítimamente adquirido. La tradición es, por otra parte, el arma colectiva de estas estólidas muchedumbres embrutecidas por el aislamiento y la ignorancia. Facundo Quiroga había creado desde 1825 el espíritu gregario; al llamado suyo, reaparecía el levantamiento en masa de los varones a la simple orden del comandante o jefe: la primitiva organización humana de la tribu nómada, en país que había vuelto a la condición primitiva del Asia pastora. El sentimiento de la obediencia se trasmite de padres a hijos, y al fin se convierte en segunda naturaleza. El Chacho no usó de la coerción, que casi siempre los gobiernos cultos necesitan para llamar los varones a la guerra. Pocos son los intereses que los retendrían en sus casas miserables; la familia vive de un puñado de maíz o de la carne de una cabra, y la guerra es la vida, las emociones, las esperanzas; y el caballo, el ferrocarril que suprime las distancias y convierte en realidad el sueño dorado, hacer algo, sentirse hombres, vivir en fin. Esta organización se ha visto reaparecer y perfeccionarse en los pueblos formados por la raza guaraní, en Entre Ríos, Corrientes y Paraguay; y puesto a dos dedos de su pérdida en varias ocasiones a los de descendencia más puramente española que habitan la provincia de Buenos Aires, en la embocadura del Plata, y la provincia agrícola de Cuyo, poblada por españoles venidos de Chile y que extinguieron o absorbieron a los Huarpes, antiguos habitantes del suelo. Los quichuas, que pueblan la provincia de Santiago, se conservan casi desde los primeros años de la independencia bajo esta disciplina primitiva e indígena, y sólo gracias a la buena intención de sus jefes, es más bien que un peligro, un elemento de orden. De estos resabios salió la *montonera*, pronunciándose, al expirar en el movimiento final del Chacho, bajo las formas de un alzamiento de campañas, que bien examinado en sus localidades y propósitos, era casi indígena, como se verá por los hechos que vamos a referir. Por eso siempre que usemos la palabra caudillo para designar un jefe militar o gobernante civil, ha de entenderse uno de esos patriarcales y permanentes jefes que los jinetes de las campañas se dan, obedeciendo a sus tradiciones indígenas, e impusieron a las ciudades, embarazando hasta 1862 la reconstrucción de la República Argentina bajo las formas de los gobiernos regulares que conoce el mundo civilizado, cualquiera que sea la forma de gobierno, con legislaturas, ejecutivo responsable y amovible, y tribunales que administren justicia conforme a las leyes escritas, que la montonera había abolido en todas las provincias argentinas durante treinta años en que, como aquellos hicsos del Egipto, logró enseñorearse de las ciudades.

Las travesías

Las faldas orientales de la cordillera de Los Andes, desde Mendoza hasta la cuesta de Paclin que divide a Catamarca de Tucumán, pocas corrientes de agua dejan escapar para humedecer la llanura que se extiende hasta las sierras de Córdoba y San Luis, al Este, que limitan este valle superior. La pampa propiamente dicha, principia desde las faldas orientales de estas últimas montañas. Desierto es el espacio que cubren los llanos de La Rioja, las Lagunas de Huanacache, hasta las faldas occidentales de las dichas sierras. El Bermejo, de San Juan, que rueda greda diluida en agua y se extingue en el Zanjón; los ríos de San Juan y Mendoza, y el Tunuyán, que forman los lagunatos de Huanacache e intentan abrirse paso por el Desaguadero, y se dispersan y evaporan en el Bebedero, he aquí los principales cursos de agua que humedecen aquel desolado valle, sin salida al océano por falta de declive del terreno. Veinte mil leguas cuadradas que forman las *Travesías,* están más o menos pobladas según que el agua de pozos, de baldes, o aljibes, ofrece medios de apacentar ganados. A la falda de Los Andes están dos ciudades, San Juan y Mendoza, que no modifican con su lujosa agricultura, sino pocas leguas alrededor, el desolado aspecto del país llano, ocupado en parte por médanos, en parte por lagunas, y al norte cubierto de bosque espinoso, *garabato y uña de león,* que desgarran vestidos o carne, si llegan a ponerse en contacto. Estas espinas corvas o encontradas como el dardo, dejarían al paso como a Absalón, colgado a un hombre si la rama no cediese a su peso. Los campesinos habitantes de estos llanos llevan a caballo un parapeto de cuero para ambos lados, que cubre las piernas y sube alto lo bastante para tenderse y cubrirse cuerpo y rostro tras de sus alas. Por escasez de agua, ni villa alcanza a ser la ciudad de La Rioja, que está colocada a la parte alta de los Llanos; igual inconveniente al que retarda el crecimiento de San Luis, no obstante que ambas cuentan tres siglos de fundadas.

A estas facciones principales de la fisonomía del teatro del último levantamiento del Chacho, agréganse otras que por imperceptibles al ojo, pasarían sin ser notadas.

Las lagunas de Huanacache están escasamente pobladas por los descendientes de la antigua tribu indígena de los huarpes. Los apellidos Chiñinca, Juaquinchai, Chapanai, están acusando el origen y la lengua primitiva de los habitantes. El pescado que es allí abundante, debió ofrecer seguridades de existencia a las tribus errantes. En los Berros, Acequión y otros grupos de población en las más bajas ramificaciones de la cordillera, están los restos de la encomienda del capitán Guardia, que recibió de la corona aquellas escasas tierras. En Angaco descubre el viento, que hace cambiar de lugar los médanos, restos de rancherías de indios de que fue cacique el padre de la esposa de Mallea, uno de los conquistadores. Entre Jáchal y Valle Fértil hay también restos de los indios de Mogna, cuyo último cacique vivía ahora cuarenta años.

Pero es en La Rioja misma donde se encuentran rastros más frescos de la antigua reducción de indios. Al recorrer esta parte del mapa, la vista tropieza con una serie de nombres de pueblos como Nonogasta, Vichigasta, Sañogasta y otros con igual terminación, que indican una lengua y nacionalidad común que ha dejado recuerdo imperecedero en los nombres geográficos. Discurriendo estos nombres por faldas de las montañas, uno de ellos penetra en San Juan por Calingasta. Un filologista noruego al leer estos nombres entregábase a conjeturas singulares, a que lo inducía la averiguada semejanza de los cantos indígenas llamados yaravíes con las baladas populares escandinavas, y la frecuente ocurrencia en América de la terminación *marca,* significativa de país o región en el gótico, Catamarca, Cajamarca, Cundinamarca y otros que recuerdan a Dinamarca, o país de los danos, y las *marcas* de Roma, que son denominaciones dadas por los lombardos: creía encontrar en las terminaciones en *gasta* la misma en *ástad* de Cronstad, Rastad y cien más que, fuera de toda duda, son la misma de Belukistán, Afganistán, Kurdistán, cuya raíz significativa se halla en el sánscrito, ramificación como el gótico, de un idioma común al pueblo ariano que dio origen a las naciones occidentales por sucesivas emigraciones.

Más asombroso y de más reciente data, encontraba el nombre de Gualilán, que tiene en las inmediaciones de San Juan un mineral de oro trabajado desde tiempo inmemorial; *gúel* o *gold* es en gótico *oro,* y *land,* la terminación conocida de *Shetland, Ireland, Island* ; Gualilán, significa, pues, literalmente tierra de oro, importando poco las vocales, que se cambian según la ley llamada de Grimm; reputando imposible que la casualidad hubiese dado al mineral el nombre significativo que lleva, desde que se sabe que todos los nombres antiguos de lugares expresaron circunstancias y accidentes locales, como Uspachieta o Uspallata, en quichua significa montañas de ceniza, color que en efecto asumen las circunvecinas y cuyo nombre dieron los conquistadores peruanos que invadieron a Chile por el camino del Inca, visible aún a lo largo del valle de Calingasta, y cuyas *pascanas* de piedras, a guisa de villorrios, se encuentran en la quebrada que conduce al paso de la cordillera de Uspallata y pasa por el Puente y la Laguna del Inca.

En Calingasta se encuentran numerosos vestigios de las poblaciones indígenas y restos visibles de la conquista. Por allí estaban las célebres *Labranzas de Soria,* minas de plata cuyos derroteros se encontraron en el Cuzco en poder de los indios, y que más tarde en su busca trajeron el descubrimiento de las minas del Tontal y Castaño, como la alquimia tras la piedra filosofal reveló los principios de la química. En Calingasta la tradición oral da al capitán Soria una epopeya que termina en la muerte, mandado ajusticiar por los reyes de España por haberse rebelado con las indianas. Quizá éste es sólo el eco lejano del fin trágico de Gonzalo Pizarro, ajusticiado por La Gasca, y cuyo rumor se extendió por toda la América. En apoyo del hecho muéstranse varios lugares donde en excavaciones naturales a lo largo de la falda de ciertos cerros, están hacinados por millares esqueletos de indios, muertos, según se dice, de hambre, por no someterse a los conquistadores españoles. Un examen inteligente de estos curiosos restos, muestra, sin embargo, que son cementerios de antiguas y numerosas poblaciones indígenas que poblaron el fértil valle de Calingasta, y que han desaparecido con la conquista. Más al norte y en dirección hacia el punto de donde vino el pueblo de las terminaciones en *gasta,* se encuentra una montaña de sal gema con cavernas prolongadas a extensiones aún no reconocidas en su interior. Estas cavernas son un vasto osario de momias de indios, que conservan el cabello en trenzas y las carnes acartonadas, preservadas acaso por las emanaciones salinas del lugar o por algún procedimiento de embalsamar.

Más significativos restos se conservan en el valle mismo de Calingasta, cerca de las actuales poblaciones cristianas. En las extremidades de los espolones de un conglomerado antiguo de guijarros unidos por un cemento, en que el río se ha excavado su actual lecho, vense unas depresiones circulares de origen artificial, hasta quince en un solo lugar. Estas depresiones corresponden a la entrada de otras tantas criptas o tumbas excavadas dentro del conglomerarlo, en bóvedas, llenas hasta la altura de la entrada de esqueletos de indios. En los que se han sacado, todos con cabello rojizo por la acción del tiempo, se encontraron algunos objetos de arte indígena, tales como agujetas de oro con un guanaco figurado, y algunos de cobre. Un esqueleto de niño en una canastilla de esparto de las Lagunas, preciosa industria que se conserva aún en Guanacache, y en Valdivia de Chile. Una espada toledana con empuñadura de plata encontróse en otro punto, y es variado el surtido de vasijas de barro que abundan por todas partes.

A lo largo del río por leguas, vense de ambos lados en el terreno alto, dos bandas o listas blancas que señalan los vestigios de antiguos canales de irrigación, que sirvieron al cultivo del maíz, pues las piedras llamadas *conanas* en que lo molían, y agujereadas por el uso abundan por todas partes. La vega es igualmente fertilísima y produce hoy el preferido trigo de Calingasta. Aquellas indicaciones de canales sirvieron al gobernador de San Juan en 1863 para fijar el lugar donde habían de erigirse las fundiciones de Hilario, que empiezan a dar nueva vida y riqueza mayor que las Labranzas de Soria a aquellos lugares despoblados por la conquista.

Hacia el centro del valle está la Tambería, que los habitantes muestran como población indígena, y el nombre haría creerla colonia peruana; pero inspeccionándola de cerca, vese que es Reducción, según el plan de los jesuitas, y la explicación no sólo de la desaparición de los indios, sino de hechos iguales en La Rioja, y que van a entrar luego en la historia del movimiento indígena campesino suscitado por el Chacho.

La Tambería de Calingasta, compónela una serie de ruinas, siguiéndose unas a otras para construir una plaza en cuadro, visiblemente como medio de defensa. En la parte más alta del terreno hay un edificio de piedras toscas, *pirca,* de diez varas de ancho y veinte de largo. Esta ha sido la iglesia, aunque no se descubre cómo ha sido techada, no habiendo a los alrededores maderas naturales. El tamaño del edificio indica que la Reducción no pasó de cuatrocientas almas.

Como se ve, pues, la Tambería es una misión jesuítica o de frailes franciscanos que seguían sus planes. Pero aquella población facticia está contando los crímenes de la conquista. Los cementerios indios, las catacumbas excavadas en la piedra, las largas acequias a lo largo del valle, las conanas y vasijas de barro que por todas parten abundan, están mostrando que aquel valle de leguas de largo, estaba densamente poblado por una nación indígena que tenía asegurada su subsistencia en el abundantísimo pescado del río, y en el maíz que producía un terreno feraz, irrigado por canales. La caza de vicuñas y guanacos, que todavía se hace en las cordilleras, a más de carne abundante, debía proporcionarles lana para tejerse telas, si las artes peruanas les eran conocidas, o envolverse de la cintura abajo en sus pieles, pues las pinturas indígenas de indios que se ven en las Piedras Pintadas de Zonda, otro valle inferior e igualmente irrigado, muestran que así vestían, aunque lo imperfecto del diseño no deje distinguir si es de tela o piel el *chiripá* que figuran.

Estas numerosas poblaciones desparramadas a ambas orillas a lo largo del río, fueron desalojadas por los conquistadores para hacer de las tierras de labor estancia y propiedad de algún capitán, acaso de apellido Tello, pues a los Tellos pertenece hoy aquel país indiviso aún, y semillero de pleitos, como los terrenos eternamente indivisos de Acequión y Berros dados a otro capitán Guardia; el Ponchagual, Mogna y casi todos los campos de San Juan. Los indios fueron a consecuencia *reducidos* a población, y como era de esperarlo, en tres siglos desaparecieron, pues hoy apenas se ven descendientes de raza pura indígena. En vano las Leyes de Indias quisieron proteger a los naturales contra la rapacidad de los conquistadores, que despoblaban de hombres el suelo a fin de crear ganados que les asegurasen la opulencia sin trabajo. Hasta hoy en Buenos Aires mismo se nota esta tendencia de los poseedores de suelo inculto, a despoblarlo, no ya de indios, sino de familias españolas allí nacidas, y reducirlas a villas, que son nidos de vicio y pobreza.

Que Calingasta fue un señorío, lo revelan las antiguas plantaciones de árboles frutales que alcanzan a una altura prodigiosa, y las ricas capellanías de que está dotada. Lo mismo y peor se practicó en La Rioja donde, siendo escasa el agua, los indígenas vivían a la margen de las escasas corrientes, y fueron *reducidos* en lo que hoy se llaman los *Pueblos,* villorrios sobre terreno estéril, cuyos habitantes se mantienen escasamente del producto de algunas cabras que parecen ramas espinosas; y están dispuestos siempre a levantarse para suplir con el saqueo y el robo a sus necesidades. El coronel Arredondo, que recorrió los Pueblos para someterlo, los encontró siempre en poder de mujeres medio desnudas, y sólo amenazando quemarlos consiguió que los montaraces varones volviesen a sus hogares. El pensamiento le vino alguna vez de despoblarlos, y sólo la dificultad de distribuir las gentes en lugares propicios lo contuvo. A estas causas de tan lejano origen, se deben el eterno alzamiento de La Rioja, y el último del Chacho. La familia de los Del Moral hace medio siglo que viene condenada a perecer víctima del sordo resentimiento de los despojados. Para irrigar unos terrenos los abuelos desviaron un arroyo, y dejaron en seco a los indios ya de antiguo sometidos. En tiempo de Quiroga fue esta familia, como la de los Ocampo y los Doria, blanco de las persecuciones de la montonera. Cinco de sus hijos han sido degollados en el último levantamiento, habiendo escapado a los bosques la señora con una niñita y caminado a pie dos días para salvarse de estas venganzas indias.

¿Cómo se explicaría, sin estos antecedentes, la especial y espontánea parte que en el levantamiento del Chacho tomaron, no sólo los Llanos y los Pueblos de La Rioja, sino los laguneros de Guanacache, los habitantes de Mogna y Valle Fértil, y todos los habitantes de San Juan diseminados en el desierto que se extiende al Este y norte de la ciudad y hasta el pie de las montañas por la parte del sur, con el Flaco de los Berros que tanto dio que hacer?

Para terminar con este cuadro en que, en país estéril y mal poblado, va a trabarse la lucha de aquellas poblaciones semibárbaras por apoderarse de las ciudades agrícolas, comerciantes y comparativamente cultas que están al pie de Los Andes, Mendoza, San Juan, Catamarca, debe añadirse que esta parte de la República a que hemos dado el nombre de Travesía, estaría condenada a eterna pobreza y barbarie por falta de agua y elementos que fomenten la futura existencia de grandes ciudades, si por el sistema de las compensaciones de la Infinita Sabiduría, no hubiese en su suelo otros ramos con que la industria humana pudiese compensar tantas desventajas.

El valle que ocuparon los pueblos de la terminación en *gasta,* divide de la cadena central granítica de Los Andes, otra paralela de terreno secundario y metalífero. Desde Uspallata hasta Catamarca, abundan los veneros de oro, plata, cobre, plomo, níquel, estaño y otras sustancias minerales, siendo ya asientos conocidos de minas Uspallata, El Tontal, Castaño, Famatina, y varios en Catamarca, de donde compañías inglesas extraen abundante plata y cobre. En ramificaciones inferiores, otra cadena de montañas en Guayaguaz, Huerta, Marayes, y aun las sierras de los Llanos, ofrecen el mismo recurso y aun depósitos de carbón de piedra apenas explorados.

El censo de Chile en 1855 dio en el número de habitantes de Copiapó, provincia esencialmente minera, diez mil habitantes argentinos, que son riojanos en su mayor parte, por ser ésta la provincia colindante. Este aprendizaje de los que se expatrian en busca de trabajo, y los irregulares laboreos de los antiguos minerales de Famatina, ofrecieran medios de cambiar los hábitos semibárbaros que la dispersión en el desierto ha hecho nacer, si con los capitales que requiere aquella industria, una política conocedora de las necesidades peculiares de esta vasta región que ocupan cinco provincias, se contrajese a remediarlas. Desde San Juan se intentó algo con tolerable y animador éxito durante la azarosa época que vamos a recorrer, y en la esfera que podía hacerlo un gobierno de provincia que estuvo condenado a mantenerse en armas, para evitar la disolución completa que amenazaba a la sociedad culta, tan mal colocada en aquel extremo apartado de la República. Pero algo más vasto ha de emprenderse, y ésta es la tarea que viene deparada al gobierno nacional, citando se halle desembarazado de los conflictos que en la hoya del Paraná le dejaron otros errores de la colonización española con las misiones del Paraguay. El ferrocarril central, que ya está trazado hasta Córdoba y el límite occidental de la pampa, no se aventurará a internarse más al oeste de la Travesía, si las faldas de los Andes no le preparan carga de metales para trasportar a los puertos del Atlántico, y los mantos de carbón de piedra que en varias partes asoman a la superficie pábulo abundante y barato para el consumo de la locomotiva.

Reconstrucción

En 1861, la victoria de las armas de Buenos Aires sobre las autoridades de la Confederación que habían rechazado a los diputados enviados al congreso después de enmendada y jurada la nueva Constitución, traía por consecuencia la necesidad de una reconstrucción general de la República, a fin de hacer prácticas las instituciones federales que esa constitución proclamaba. La caída de Rosas y el ensayo de una confederación sin Buenos Aires, habían tenido el mismo mal éxito que la confederación de los Estados Unidos, aunque por distintas causas. Cuando en 1853 hubo de darse una constitución federal, el congreso se encontraba con un caudillo de provincia dueño del poder que llamaban nacional, sostenido por los mismos caudillos que habían como él apoyado la larga tiranía de Rosas. La constitución ni constituía la nación, ni regía a su propio ejecutivo, quedando la provincia más importante fuera de la nación, y el presidente fuera de la constitución.

San Juan había luchado diez años para desasirse de la mano de su caudillo de veinte años atrás, que el presidente caudillo[*] apoyaba por analogía de posición. La época constitucional fue para San Juan precisamente la época de las violencias, las intervenciones armadas, las invasiones del Chacho, con su acompañamiento de saqueos y aun de incendios, hasta que aquel empeño de amalgamar la constitución y el caudillo, supliendo la falta de uno con detestables procónsules, acabó en una gran catástrofe, y en el sacrificio del virtuoso doctor Aberastain, muerto por improvisados caudillejos[§], salidos apenas de las tolderías de los in-

[*]   N. del E.: se refiere a Derqui
[§]   N. del E.: se refiere a Juan Saa, gobernador de San Luis, a quien Derqui encargó la intervención en San Juan.

dios, a quienes el gobierno confiaba misiones judiciales o ejecutivas, como la España al juez La Gasca en los primeros tiempos.

El término de la guerra y el fruto de la batalla de Pavón era, pues, despejar a las provincias del personal de las antiguas y modernas criaturas de aquella política bastarda, y hacer práctica en sus efectos la constitución que ya regía a Buenos Aires. Un esfuerzo de los ciudadanos de la ciudad de Córdoba, derrocando el gobierno que aún adhería a los vencidos de Pavón, y la actitud armada que Santiago del Estero había conservado, simpática a la causa ya victoriosa, facilitaban la obra por esa parte, no requiriéndose el empleo de las armas, que sólo serviría para dar confianza a los pueblos, mientras se organizaban nuevas administraciones. No sucedía lo mismo con respecto a las provincias situadas a las faldas de los Andes. Los Saa se mantenían en armas en San Luis, Mendoza estaba gobernada por un miembro de la familia de los Aldaos, San Juan por un teniente de Benavides, La Rioja virtualmente por el Chacho.

El ejército que a fines de 1861 avanzó hacia Córdoba no llevaba instrucciones para extender sus operaciones hacia aquella parte; pero retirándose hacia ese lado las únicas fuerzas confederadas que se mantenían en pie de guerra, una pequeña división fue siguiéndolas de estación en estación hasta la ciudad de San Luis. En previsión de los sucesos, el general en jefe de este ejército había dado misión al Auditor de Guerra, por ser uno de los hombres públicos que habían traído el desenlace de aquella cuestión y pertenecer a aquellas provincias, de dirigir los primeros actos civiles de los pueblos que el ejército fuese librando del dominio de la caída confederación.

No tardó mucho en hacerse sentir el acierto de esta medida. El jefe de un regimiento de línea perteneciente a la confederación, y que se había retirado desde Córdoba al acercarse el ejército de Buenos Aires, ofició al jefe de la vanguardia, que estaba ya en San Luis, que el pueblo de Mendoza había depuesto al gobernador y nombrándolo a él en su lugar, con lo que creía quitada la ocasión y el motivo de avanzar fuerzas hasta aquella provincia. Fuele contestado que él como jefe de fuerza nacional que guarnecía a Mendoza de años atrás, era el único hombre que no podía ser nombrado gobernador de la provincia que dominaba con tropa de línea, y que el Auditor de Guerra, con poderes para representar al general en jefe, marchaba incontinente, seguido de una fuerza, para conocer la verdad de los hechos, y poner al pueblo en aptitud de darse un gobierno.

Compréndese que este lenguaje quitaba la tentación de inventar sofismas, y apenas conocido en Mendoza, el nuevo y el depuesto gobernador pusieron la cordillera de por medio, desbandándose todas las fuerzas, inclusas las de línea. Una copia de la misma nota enviada a San Juan, produjo los mismos efectos, desde que el círculo de los benavidistas supo, a no dudarlo, que el autor de aquella nota era don Domingo F. Sarmiento, y que éste se dirigiría bien pronto a San Juan.

El 1° de enero de 1862 atravesaban en efecto el puente medio destruido del Zanjón de Mendoza los primeros treinta hombres del ejército de Buenos Aires, enmudecidos y espantados ante la pavorosa escena que se presentaba a sus ojos en las ruinas de una ciudad hasta donde la vista podía alcanzar. Las convulsiones de la naturaleza habían sido más severas para con aquella antigua y civilizada ciudad que los diversos tiranuelos que por treinta años la habían detenido en sus progresos. El temblor de marzo, diez meses antes, había arrasado hasta los cimientos, pulverizado los edificios, y desgranado los templos en menudos fragmentos. Podían discernirse las que fueron calles por estar acumuladas sobre ellas mayores masas de ruinas. Las techumbres hacían con sus palizadas, una especie de inmunda espuma que cubría la tierra, como aquellas basuras que las crecientes arrastran y remolineando hacen una superficie sólida sobre el agua de los grandes ríos; el pino del convento de San Agustín elevaba su solemne y negra copa, visible ahora hasta el tronco de todos los puntos del horizonte; la alameda plantada por San Martín tendía su línea de verdura al extremo opuesto del lúgubre paisaje, señalando el término de tanta desolación.

Debajo de aquellas ruinas estaban sepultados quince mil habitantes, entre ellos la parte más inteligente y acomodada de la población de provincia y ciudad tan importantes. Los partidos políticos habían perdido hasta su significado, puesto que sus próceres habían desaparecido en su mayor parte de la escena; y sólo como muestra de los intereses personales que envolvían las cuestiones políticas, debe recordarse que del seno de esas ruinas había salido una división de tropas, tres meses antes, a llevar la guerra a otras provincias, con el mismo espíritu que cuarenta días antes del temblor había encendido la saña del representante de la política de exterminio del fraile Aldao y empapado en sangre a San Juan. Mendoza tenía un importante rango entre las ciudades argentinas. Colocada en la línea de comunicación del Atlántico al Pacífico a través de los Andes, recibía de ambas costas la acción civilizadora, y no hay viajero célebre, compañía de teatro o de ópera, que no hubiese visitado esta ciudad. Allí se había formado el ejército de San Martín; allí hallaba el comercio de Chile y de Buenos Aires un mercado vastísimo y productos valiosos. A la hora de su muerte Mendoza ostentaba edificios, como el pasaje Soto, que habrían decorado dignamente a Buenos Aires.

La calamidad más duradera empero, era la desaparición de una ciudad agricultora, como centro de civilización, en aquella grande extensión de territorio que hemos llamado la Travesía; San Luis en uno de sus límites permanecía después de tres siglos un trazado de ciudad; La Rioja, al norte, una villa sin importancia. Arrasada Mendoza como baluarte, el desierto pesaba todo entero sobre San Juan, mal colocado para resistir a su acción disolvente. Los vecinos de la destruida ciudad que salvaron de la catástrofe, encontraron en sus fincas abrigo, pues que la intensidad del sacudimiento se sintió bajo la ciudad misma, perdiendo, como la luz, su fuerza a medida que irradiaba; y la provincia se había convertido en una campaña agrícola sin centro, como las campañas pastoras que tanta influencia han ejercido en la desorganización de la República. Veíase esto en el traje de los ciudadanos más cultos, que teniendo que servirse habitualmente del caballo como medio de locomoción, llevaban hasta la afectación y como un buen tono creado por el temblor, el desaliño del vestido, el poncho y los arreos del gaucho. La desaparición de Mendoza, en el momento en que más se necesitaba de una fuerte ciudad en el interior, sobrevenía tan en mala hora, como la muerte del general Paz cuando Buenos Aires resistía victoriosamente a las últimas oleadas de los jinetes en armas; su existencia sólo habría alejado muchos malos pensamientos por lo improbable de su realización.

Con la falta de vistas que vayan más allá del momento presente, de la simple idea de fijar un local para la reconstrucción de una nueva ciudad, habían surgido dos partidos, cada uno armado de razones más o menos plausibles, de acuerdo sólo en no ceder un ápice de sus encontradas pretensiones. El uno tuvo al destronado déspota por jefe, decíase que con miras interesadas; el otro a la oposición liberal. Más tarde la legislatura sostenía a los unos, y el gobernador a los otros. Cuando el gobierno nacional nombró un comisionado para designar lugar para los edificios nacionales, y con eso dirimir la cuestión de galgos y podencos, no fue aceptada esta arbitración que habría terminado por lo mejor, que era hacer lo menos malo, pero fijar lo que era urgente, un plano de ciudad.

Y este comisionado tenía, a más del encargo oficial para misión tan aceptable, no diremos títulos a la consideración personal de todos, sino lo que es más influente, enormes sumas de dinero a su disposición, para que fuesen empleadas en edificios e instituciones públicas en Mendoza. Cuando en Buenos Aires se supo la horrible suerte de la ciudad, la caridad pública, allí como en Chile y en toda América, se excitó en favor de las víctimas; pero estos sentimientos, por vivos que sean, no producen espontáneamente todos los benéficos resultados que se desearía, si no se organizan medios de acción, que *administren,* por decirlo así, la filantropía, la caridad, el patriotismo. Mucho se hizo espontáneamente o por asociaciones existentes, como los Masones, la de San Vicente de Paúl, etc.; pero nada, ni todo esto junto, pudo compararse con los resultados obtenidos por la oficina de socorros que aquel comisionado improvisó, sirviéndose de la prensa, los colegios, las adhesiones políticas mismas, y todos los medios de obrar poderosamente sobre la opinión. Médicos, medicinas, dinero, ropas, abrigos, salieron de ese taller en ayuda de los desgraciados; obteniendo veinte años después para Mendoza por el mismo mecanismo, lo que había obtenido en Chile para los derrotados argentinos, y sesenta mil pesos quedaron depositados en el banco, a disposición de otro gobierno más moral que el que había disipado los primeros auxilios enviados de todas partes. El de Chile habría mandado los que retenía por iguales temores, y el agente español perdido todo pretexto para guardar otra suma. Así, pues, un pueblo por no discutir francamente una cuestión de conjeturas más o menos posibles, renunciaba a recibir cien mil fuertes que le ofrecían sus amigos y el comisionado podía decretar en una tira de papel.

Reunido lo que era posible de un pueblo tan disperso el 3 de enero, procedióse a nombrar un gobernador interino, habiendo limitado su ingerencia el Auditor de Guerra a crear un jefe de policía que mantuviese el orden.

San Juan

El 4 de enero treinta hombres de Guías al mando del capitán Irrazábal, varios oficiales sanjuaninos y el Auditor de Guerra, se dirigieron a San Juan, contando ya no encontrar resistencia armada, por tener anuncios, aunque inciertos, de un cambio de autoridades.

En Guanacache salióles al encuentro un comisionado de San Juan, trayendo comunicaciones oficiales del nuevo gobernador establecido, por haber huido los comprometidos en la serie de violencias de que aquella provincia había sido víctima por diez años, sin intermisión, como si la constitución hubiese sido una túnica de Dejanira mandádale por una venganza atroz, a causa de la parte que algunos de sus hijos habían tomado en la caída de la tiranía de Rosas. El pueblo de San Juan, una vez libre de sus oscuros carceleros, restableció la administración del doctor Aberastain, tal como estaba el día de su muerte; gobernador interino, ministros, tribunales, jueces de paz, policía, etc. La tranquilidad era perfecta, como la del agua que ha encontrado su nivel después de tentativas inexpertas que la han hecho precipitarse y causar estragos con su corriente.

Para entrar en San Juan, desde Mendoza, se atraviesa el campo llamado la Rinconada, teatro de aquel drama horrible que preparó un acto discrecional del gobierno nacional, obrando contra texto expreso de la constitución, y sin datos suficientes; y que explotaron las malas pasiones, confiando una misión judicial a un bárbaro que con ella se hacía aparecer en la escena política.

Los que sobreviven a las grandes catástrofes como la de Mendoza o la Rinconada, olvidan con el tiempo las impresiones que experimentaron, cuando las ruinas están todavía bamboleándose o la sangre de las víctimas no se ha secado aún. Se vive entre ruinas, y lo pasado se olvida, aunque algún tinte, sólo discernible para los extraños, deje en las fisonomías el recuerdo de una grande desgracia. Dios ha hecho este beneficio a la humanidad haciéndola flaca de memoria. Pero la escena donde han ocurrido tales acontecimientos, vista por la primera vez, evoca los fantasmas de la imaginación, y el drama sangriento o aterrante vuelve a representarse con la vista de los lugares, mudos testigos de los hechos. En la calle de cuatro leguas sombreada de álamos que desde aquel campo de sangre conduce a la ciudad, en frente de un jardín de laureles rosas entonces en flor, con la profusión peculiar a esta planta de las riberas del Jordán, una cruz negra, alta, labrada, señala el lugar en que fue fusilado el doctor Aberastain. ¿Por qué? ¿Para qué? Nunca supieron decir los autores del crimen ni aun sus motivos. Era un hombre educado, y los bárbaros les tienen especial rencor. Saa, improvisado hombre público, creyó mostrar en ello grande capacidad y energía. ¡No era culpa suya!

Allí habían venido a recibir al representante de tantas esperanzas, por tantos años frustradas, con las armas de Buenos Aires triunfantes al fin, los restos del batallón de guardias nacionales que se halló en la Rinconada; y si a las escenas de los lugares se añaden aclamaciones que acentuaban manos mutiladas alzadas al aire, se formará una idea de las torturas morales que debían producir por el momento, aunque más tarde el nivel del olvido viniese a hacer plácido lo que nunca deja de serlo, la vista del país asociada a los recuerdos de la infancia, la patria, la familia, en fin. Después de veinte años de ausencia de un joven, San Juan recibía en medio de manifestaciones de júbilo a un viejo, cuyo espíritu, por la prensa, la tribuna o la guerra, nunca estuvo, sin embargo, fuera del estrecho, oscuro y pobre recinto de su provincia.

Es excusado decir que fue aclamado gobernador, destino que, dadas las necesidades especiales de hombres que han vivido largos años consagrados a la gestión de la cosa pública, a la discusión de las grandes cuestiones sociales, en grandes centros de población, con el bullicio y los goces de las capitales, no habría tentado a muchos, creyendo descender de posiciones conquistadas. Había, sin embargo, perspectivas que entraban a completar una grande obra comenzada, para quien no tuviese a menos solicitar un departamento de escuelas, a fin de poder hacer dar un paso en la organización de la futura república. ¿Había gobiernos provinciales en aquella confederación en que el presidente se había ocupado exclusivamente en estorbarles toda acción propia, si no estaban subordinados a algunos de sus agentes personales? Después de haber borrado de la Constitución todo lo que a esta coacción concurría, ¿no valdría la pena de ofrecer en la práctica la sencilla armonía de poderes nacionales y provinciales, cada uno obrando en su legítima esfera? Y luego, ¿no hay una deuda contraída, y que una vez ha de pagarse, para con aquellos que sin tener estímulos ni recompensas que ofrecer, reclaman como propias, experiencias, ideas, nociones adquiridas por los suyos, que los grandes centros les arrebataran? Tres años inmolados honrosamente pasan luego y dejan una satisfacción, si tal puede obtenerse, la de intentar el bien. El coronel Sarmiento, hasta entonces Auditor de Guerra del primer cuerpo de ejército, aceptó así el gobierno que sus compatriotas le imponían como un deber, y como un honor que estimaba en mucho.

San Juan era, como Mendoza en lo material, un montón de escombros en lo moral. Casi treinta años de gobierno de hombres oscuros, sin educación ni principios, habían hecho de la autoridad pública algo menos que una decepción, un objeto de menosprecio. Sin rentas, sin sistema de administración, servían las que se cobraban a satisfacer necesidades siempre apremiantes, objeto de especulación su cobro para algunos agraciados, de resistencia y de fraude para el pueblo, que encontraba en ello el medio de hostilizar al enemigo, el poder irresponsable y arbitrario. Sin industria que pudiera con la paz desenvolver riqueza en grande escala, la guerra, las revueltas, las invasiones del Chacho, las intervenciones nacionales, la incuria del gobierno, el retraimiento de los ciudadanos, habían destruido más propiedades y fortunas que las que el lapso del tiempo y el fruto del trabajo venían pacientemente acumulando. Ni un solo edilicio público debía la generación presente a las pasadas, seis templos yacían en ruinas, y ni la antigua Escuela de la Patria se había conservado como único establecimiento de educación. El desaliño de la aldea colonial, las señales de los estragos de las aguas, excavaciones en la plaza como muestras de tentativas de mejoras, indicaban bien a las claras que el gobierno no era hasta entonces el agente de la sociedad misma para proveer a sus necesidades colectivas, como cada uno provee a las individuales. No habiendo un centavo en caja y estando por cobrarse desde principio de año todas las rentas, el nuevo gobierno tuvo desde luego que estrellarse contra aquellos hábitos inveterados de resistencia, contra el hereditario descrédito que le legaban las administraciones pasadas, contra la falta de autoridad moral del gobierno para hacer cumplir las leyes. A fin de proveer a las necesidades financieras, llamó a los prestamistas de dinero para procurarse el necesario para esos días, ofreciendo un interés crecido, y nadie, habiendo entre ellos quienes giraban centenares de miles, ni todos juntos, tuvieron dinero disponible, porque el deudor era el gobierno. Un mes después, cobrado uno de los impuestos retardados con la multa que la ley imponía a los morosos, muchos se presentaron reclamando de esta severidad inusitada, pues era la práctica ganar tiempo y retardar el pago, por negligencia muchas veces, por resistencia casi siempre. Fenecido el primer año de administración, la contaduría presentó en caja un sobrante de seis mil pesos, no obstante la variedad de trabajos públicos emprendidos, porque en el lapso de ese año se había obrado una revolución en las ideas, comprendiendo todos que el gobierno era su propio gobierno y no el antiguo enemigo, idea que nos es común a todos los pueblos sudamericanos, y que en los Estados Unidos hace que hoy emprenda el gobierno pagar una deuda de tres mil millones que la Inglaterra y la Francia no habrían soñado posible.

El nombre del Chacho había, desde pocos días después de operado el cambio, empezado a resonar de nuevo. Cuando el gobierno de la confederación, que lo había condecorado con el título de general, requirió fuerzas para invadir a Buenos Aires, había este caudillo de la montonera de los Llanos permanecido tranquilo e indiferente a la suerte de sus aliados, hasta que el ejército vencedor hubo ocupado a Córdoba, y la lucha cesado por todas partes. Entonces, por motivos y con objetos que él mismo no sabría explicarse, se lanzó sobre Tucumán, desde donde rechazado, volvió a los Llanos. Allí le aguardaba ya una división de ejército que lo batió por segunda vez, quitándole la poca infantería, y un cañón que andaba trayendo; y tras este combate, que habría bastado para pacificar el país, se siguió una guerra de escaramuzas, que fue atrayendo refuerzos de tropa de línea, de la que había venido a Mendoza y San Juan, y levantando en masa los Llanos hasta tomar proporciones alarmantes, desmontar la caballería regular en correrías sin resultado, y poner a rescate la ciudad de San Luis, a donde fue a aparecer la montonera, a cien leguas del punto en que el ejército la buscaba.

Una nueva fuga y nueva persecución del ejército acercó aquellas bandas de descamisados a treinta leguas de San Juan, y no cambiaron de rumbo, sino cuando obtuvieron, por pasajeros, la certeza de que eran debidamente esperados. Sepultados de nuevo en los bosques de los Llanos, la persecución seguía, agotados de una y otra parte los caballos, pero el ejército con facilidad de remonta de San Juan, cuando recibió del jefe de las fuerzas *nacionales ya,* orden del gobierno general de aceptar las propuestas de sumisión que el Chacho había dirigido desde San Luis, lo cual dio lugar a lo que el Chacho llamó tratado, y dejarlo tranquilo en su casa con los honores de general de la Nación.

La distancia a que el gobierno nacional se hallaba, la poca importancia que en el litoral se daba a este caudillejo que apenas tenía casa en que vivir en medio de bosques de *garabatales,* la necesidad sobre todo de presentar la República en paz para darle formas, reunir el congreso y elegir presidente, ocultaban el peligro, que para lo futuro quedaba, de dejar establecido, como parecía, que el ejército regular era impotente contra la movilidad de la montonera; y la alarma en que quedaban las provincias vecinas con aquel perturbador en posesión siempre de los medios y posición que por tantos años le habían servido para sus depredaciones y correrías.

Cualesquiera que fuesen las condiciones del tratado, si tratados era posible que hubiese entre un gobierno y un general suyo, basta ver cómo lo entendía y practicaba el Chacho, para comprender la situación en que quedaban las provincias vecinas y el gobierno de La Rioja mismo. Habiéndose creado en esta provincia un gobierno civil, quiso, como era de esperarse, tener en su poder las armas que habían servido a prolongar la guerra sin motivo aparente y sólo por la voluntad del general establecido en los Llanos, y al efecto ordenó a los comandantes de los departamentos recogerlas. A la solicitud del de Malangan contestó el Chacho lo siguiente:

"Malangan, julio 13 de 1862.
"Al señor comandante don Joaquín González:
"Acabo de recibir una comunicación del capitán don José María Suero en que me da cuenta que un señor García comisionado de V. S. le pide entregue el armamento y animales del Estado que tiene en su poder, quedando sin efecto la comisión que a estos fines le confié, dando su dicho comisionado por razón los tratados míos con el gobierno de Buenos Aires.
"Con sentimiento veo, señor comandante, que usted no está al cabo de esos tratados, como veo no conoce sus atribuciones. Por esos tratados, señor, y de acuerdo con el jefe del primer cuerpo de ejército de Buenos Aires, estoy yo encargado de garantir el orden en la provincia, a cuyo efecto queda en mi poder el armamento que he tenido; y tengo a más instrucciones que ni siquiera es dado comunicarlas a usted. Su gobierno mismo, señor comandante, no puede exigir de mí lo que no está en su derecho, como lo que usted exige. Cada uno en su puesto y no tomar las atribuciones aje-

nas, porque de lo contrario no nos entenderemos.

"Por fin, mis convenios son exclusivamente con el gobierno nacional, cuyas órdenes obedezco, y a él exclusivamente corresponde exigir, tanto el cumplimiento de lo pactado, como darme las órdenes e instrucciones que estime convenientes.

"En vista de los antecedentes que tengo manifestados, y para guardar la armonía que deseo con usted como con todas las demás autoridades, espero que usted no exigirá lo que por su dicho comisionado lo hace, puesto que en ningún caso se le entregará, y cuento que será bastante prudente para conocer su posición y la mía.

"Al dejar así cumplido el objeto de ésta, me es grato ofrecer a usted las consideraciones de mi aprecio. ? Dios guarde a usted. -
Angel Vicente Peñalosa".

"Guaja, julio 2 de 1862.
"Señores capitanes don Santos Carrizo y señor Castro:
"He recibido la apreciable nota de ustedes, y en su contestación digo que el comisionado nacional coronel Baltar marcha en este momento a La Rioja a dejar todo arreglado. El se dirigirá a ustedes sobre lo que han de hacer, intertanto es preciso que se sostengan hasta que reciban sus órdenes. Soy como siempre, etc.,
Peñalosa.

"Bichigasta, julio 16 de 1862.
"Señor comandante don Domingo García:
"A pesar de estar impuesto de los documentos que acreditan su comisión, y estar a mi vista exactos, en contestación de ellos tengo una orden del general Peñalosa, fecha 2 del presente, en la que me dice retenga las armas basta que él me ordene, esto sin fijarse para nada de las disposiciones del supremo gobierno. El 10 del presente hice un propio al general Peñalosa por si me ratificaba la orden; y como hasta ahora no he recibido contestación, me veo en el caso de retenerlas hasta aguardar la disposición del señor coronel Baltar, comisionado, que también estuvo presente cuando se me dio la orden. Dios guarde, etc.
J. María Suero.

"En estos momentos recibo la contestación del general Peñalosa con el propio que hice, y me dice que retenga las armas hasta recibir órdenes de él en el sentido contrario. Vale."

¿Supo el Gobierno Nacional estos hechos?

¿Fue engañado su comisionado?

El hecho real es que no había gobierno civil posible en La Rioja, y que continuando el Chacho en la situación de barón feudal que el supuesto o real tratado le creaba, San Juan no tenía hora segura de nuevas incursiones, como si nada se hubiese cambiado en la condición y circunstancias del país después de veinte años.

Ya se había expuesto en términos generales al Gobierno Nacional la situación precaria de aquella parte del territorio argentino, y en correspondencia íntima indicádosele con insistencia al gobernador de San Juan la necesidad de hacer de esta ciudad, la única existente en más de diez mil leguas cuadradas, un centro de poder material y de educación, a fin de contener los progresos de la barbarie, que aquellos desiertos habían creado, y reparar los estragos de treinta años de retroceso y de la reciente desaparición de Mendoza, so pena de ver suprimido del país poblado y civilizado un quinto del mapa argentino, si se dejaba por algunos años más obrar las agencias disolventes. Pedía cañones, un batallón de línea y permiso para crear fuerzas de caballería, educadas en país agrícola y con caballos preparados al efecto, según ideas que sobre la reorganización de la caballería argentina había tratado de generalizar, no siendo ellas en definitiva más que volver a las tradiciones de los antiguos granaderos y cazadores a caballo de San Martín, frescas aún en las provincias de Cuyo donde aquellos famosos regimientos se remontaron. Estas indicaciones no encontraron una formal aceptación, si bien por la insistencia de otros, se obtuvo al fin que un batallón viniese a acuartelarse en San Juan.

Quedando La Rioja, como quedaba, y el Chacho establecido en Guaja, que sólo dista quince leguas de la villa de Valle Fértil de San Juan, era conveniente cultivar las mejores relaciones diplomáticas con aquel cacique que aconsejaba a los prudentes tener en cuenta las situaciones respectivas. Felizmente había acompañado al ejército de Buenos Aires un capitán de línea, hombre muy circunspecto, y además pariente muy cercano de Peñalosa. Este fue nombrado subdelegado de Valle Fértil, con encargo de cultivar la amistad del Chacho y evitar toda ocasión de desacuerdo, tan frecuentes en las fronteras, e inevitables en aquel asilo de vagabundos y cuatreros que eran el azote de San Juan.

Del tono de estas relaciones dará idea la carta del Chacho que contestaba a las primeras del subdelegado que más tarde fue a Guaja y pasó algunos días con él.

> "Guaja, setiembre 22 de 1862.
> "Señor sargento mayor don Sixto Fonsalida:
> "Tengo a la vista sus dos muy apreciables, una oficialmente y la otra particular, la que tengo el placer de contestar, diciendo a usted que parece que la Providencia ha tomado una parte activa en la reconciliación de nuestros desgraciados sucesos, para que terminen las disensiones y sea una realidad el sostenimiento de una paz que nos dará por resultado el sosiego de las pasiones exaltadas y la calma de tantos sufrimientos debidos a nuestros propios desvíos.
> "El párrafo de la carta que me trascribe textualmente del señor gobernador de San Juan, me lisonjea en alto grado, y creo que siguiendo esas máximas, habremos logrado el afianzamiento de nuestras instituciones, corrigiendo los daños y desórdenes causados por la guerra. Los sentimientos nobles que abriga el gobierno de San Juan no me son desconocidos, por lo que presagio un venturoso porvenir, estrechando una relación sincera entre las dos provincias, prometiendo a usted que todo lo que esté en la esfera de mis atribuciones, lo emplearé contribuyendo con el contingente de mi poco valer, a fin de conseguir tan importantes fines...
> "Por lo demás, descuide usted que siempre observaré la conducta que me es característica, no dejándome sorprender de suposiciones falsas e imaginarias que jamás tienen lugar en mi imaginación. Mucho gusto tengo en que haya arribado a ésa con los sobrinos mis amigos, entretanto quisiera que disponga como siempre de la inutilidad de su afectísimo amigo. -
> *Angel Vicente Peñalosa"*.

Esta carta había sido precedida, meses antes, por otra dirigida al gobernador de San Juan en que recordaba con arte los servicios que había de él recibido en Chile. "Por mi parte, le decía, no esquivaré la ocasión de serle útil, tanto más cuanto es un deber en mí para con uno de los más valerosos campeones de la causa que en otro tiempo sostuve con el malogrado ilustre general Lavalle, y de la que no he desertado." Estas manifestaciones tomarán luego, en vista de los hechos, una singular importancia.

No sería fácil decir si estos conceptos de la cancillería de Guaja, el rancho del Chacho, eran suyos o del amanuense. Hay, sin embargo, una palabra cuyo origen es curioso recordar. El adjetivo *venturoso* no entra en la común parlanza de la gente llana. Rivadavia, en sus conversaciones, se extasiaba al arrullo de la esperanza en el venturoso porvenir que aguardaba al país. Sus enemigos hicieron de esta frase un apodo de ridículo, y el que esto escribe la oyó en 1829 andando de boca en boca entre los parciales de Quiroga. ¡Triste cosa! ¡Después de treinta años de desastres, en lugar del venturoso porvenir anunciado, encuéntrase la frase en el fondo de los Llanos, en boca de uno de los bárbaros que alejaron ese porvenir con sus violencias, como encontraríamos en los matorrales un jirón del vestido de un viajero que fue robado y muerto en ellos!

Estos dares y tomares ocurrían en septiembre. En noviembre siguiente una partida de vagabundos, desertores o salteadores que se asilaban en los Llanos, salió de allí y dirigiéndose a las Lagunas de San Juan, saqueó la casa del juez de paz, arreó caballos y ganados, arrebató a una recua de mulas las mercaderías que traía de Buenos Aires, desnudó y despojó de su dinero y vestidos a dos transeúntes franceses, y después de aporrearlos malamente, los llevó con el botín a los Llanos.

Era esto un salteo de caminos calificado, y la revelación de un peligro nuevo para provincia como la de San Juan, separada de las otras por desiertos y soledades que no pueden ser custodiadas. El importante comercio de ganado con Chile exige que la plata boliviana con que se compra en Tucumán y Salta, vaya en cargas, a la vista de todos y conducidas por dos o tres mozos. El salteo de caminos, que no había hasta entonces entrado en los desórdenes de la guerra civil, iba, a no ser reprimido enérgicamente, a paralizar la industria y el comercio de que aquel pueblo vivía.

Iniciada la causa criminal por la deposición de los robados, el gobierno de San Juan se dirigió al de La Rioja pidiendo la aprehensión y entrega de Agüero, Almada, Carrizo, Potrillo, Pérez y cómplices. El gobernador de La Rioja, a su turno, los pidió al general Peñalosa, acompañándole los documentos, y éste le contestó lo que sigue:

> "Cuaja, diciembre 12 de 1862.
> "El General de la Nación:
> "En su mérito (la nota del Gobierno), quedan disueltas esas fuerzas que hostilizaban la tranquilidad de San Luis y Córdoba. Los jefes han entregado las armas que quedan en mi poder, y ellos bajo mi vigilancia. Otras medidas más graves hubiera tomado, señor gobernador, si no estuviera persuadido que esos hombres aleccionados por la experiencia y mejor aconsejados, podrán ser útiles a la nación, pues que son soldados valientes y amigos buenos y leales a la causa a que se adhieren; y que de consiguiente una vez adheridos a la nuestra, nos ayudarán a sostenerla con la decisión que han sostenido la que acaba de expirar. Permítame, señor gobernador, que yo abrigue la convicción que al soldado valiente y al amigo bueno que se desvía, es más prudente de encaminarlo que de destruirlo. -
> *Angel Vicente Peñalosa.*"

¿Era subterfugio estudiado confesar desórdenes en Córdoba y San Luis, en lugar del salteo de las Lagunas? Lo que hay de curioso son las virtudes de *condottieri* que sostendrían una causa con el mismo ardor que habían sostenido la contraria. ¿No era el Chacho mismo el más feliz dechado de esta acomodaticia virtud?

De todo esto se dio cuenta al gobierno nacional. La constitución federal tenía establecido "que los actos públicos y judiciales de una provincia gozan de entera fe en las demás", y si los reos de un crimen cometido en una provincia no son entregados por la autoridad de otra, al gobierno nacional incumbe allanar el obstáculo, a fin de que la administración de justicia no sufra embarazo. En el caso presente era más urgente su acción, porque el embarazo provenía de un funcionario suyo, que principiaba sus notas llamándose el General de la Nación, aun en aquella misma que encubría salteadores de camino a mano armada que no tienen asilo ni en las naciones extranjeras. El delito de este jefe, que recibía salario de la Nación, este vez estaba agravado por el ejercicio de la facultad de indultar y conmutar penas que es sólo privativo del poder ejecutivo.

No sabemos que se tomase en consideración en los consejos del gobierno nacional este asunto que tanta inmoralidad encerraba, no obstante que todos los diarios reprodujeron las notas con la novedad que tales ocurrencias, apenas concebibles, debían causar.

El gobernador de La Rioja acompañó este extraño documento, con cuatro palabras que revelaban la desairada posición que ocupaba.

"La Rioja, diciembre 26 de 1862.
"Aunque con bastante atraso por su fecha, se ha recibido por este gobierno la nota de 12 del corriente del general Peñalosa, que en copia legalizada le adjunto, para el conocimiento y resolución de S. E., según el mérito que ella arroja. -
Francisco S. Gómez. - José Manía Ordóñez, oficial mayor."

¿Qué iba a resolver el gobierno de San Juan? Así terminó el año 1862. Dos millones de pesos y un millar de vidas sacrificadas iban a ser el resultado de todos estos antecedentes.

Reacción

Bajo los más siniestros auspicios se abría el año 1863 en la región que hemos descrito entre las sierras de San Luis y Córdoba al oriente y la cadena de los Andes hasta Catamarca. La tempestad tiene precursores en el lejano relampagueo de la nube que corona las montañas, ecos en el *tronar sordo* que precede a la borrasca. La prensa, las discusiones de las cámaras, el tono y el carácter de las reuniones públicas, están mostrando en las sociedades civilizadas el grado de citación de los partidos y los propósitos de sus prohombres. Pero imaginaos una conspiración de oscuros cabecillas, de masas ignorantes que se agitan sordamente en las campañas, o en las más bajas capas sociales de las ciudades, sin ideas, sin periódicos, sin órganos audibles, porque lo que pasa entre peones y paisanaje no llega a oídos de la sociedad culta que vive de otras ideas y de otros intereses, y os daréis cuenta de los síntomas exteriores de este estado de cosas, de los rumores que corren, de algo que se siente y no se ve, sino por la fisonomía insolente de uno, por una palabra que a otro se le escapó por la amenaza de un tercero de lo que ha de suceder después.

Los comerciantes que regresaban de Chile repetían lo que en Los Andes decían sin embozo tres ex gobernadores y varios coroneles de Benavides, Saa o Nazar, los depuestos caudillos de Cuyo que se agitaban allí y recibían mensajeros, noticias y avisos de los movimientos del Chacho, que a la fecha estaría en San Juan, y de Urquiza que había ya ocupado el Rosario. De los Llanos corrían los mismos rumores: la citación sería para la Pascua, contaban con Catamarca y Córdoba; en San Juan con los oficiales de Benavides, en todas partes con partidarios. En San Juan la agitación tomaba formas extrañas y llenas de la malicia candorosa de la ignorancia. El gobierno era masón, según los rumores que corrían entre la gente llana, y había llevado la impiedad hasta hacer de una iglesia una escuela; de una capellanía una quinta normal. La fotografía recientemente introducida, prestaba con sus imágenes asidero a invenciones supersticiosas; y sacerdotes paniaguados con el partido antiguo de Rosas, a quien debían posición y honores, explicaban devotamente desde el púlpito toda la abominación de la masonería, subentendido que el gobernador era masón, y a él se dirigían aquellas hipócritas conminaciones.

En este estado de fermentación en el interior, uno de los ministros del gobierno nacional escribía al gobernador de San Juan:

"Marzo 12.
Vamos navegando por un mar de rosas. Viviremos tranquilos. Progresaremos. Usted se contentaría con que viviésemos tranquilos; pero eso es contentarse con poco".
Con motivo de elecciones ocurridas en Chilecito, asiento y plaza de minas, el Chacho había mandado fuerzas, apoderándose de sesenta fusiles y pólvora, añadiéndose prisiones de comerciantes que rescataron su libertad con mercaderías y erogaciones de dinero. Los despojados pidieron auxilio a San Juan donde se estacionaba un batallón de línea; pero habiendo el gobierno nacional apresurádose a declarar seis meses antes que toda la República estaba bajo el régimen constitucional, y no teniendo instrucciones el gobierno provincial para el empleo de aquella fuerza, se limitó a darle cuenta de los desórdenes de Chilecito.
Era claro y sabido que se preparaba una insurrección cuyo centro estaba en Guaja, y cuyos aliados se movían activamente en Aconcagua, de Chile, desde donde mantenían inteligencias con San Juan, Mendoza y San Luis.
El subdelegado de Valle Fértil, encargado de observar los movimientos del Chacho, daba en marzo cuenta de la agitación que reinaba por aquellos pagos, y de las conferencias tenidas en Chepes entre diversos cabecillas adonde había concurrido el Chacho a solemnizar con su presencia la dedicación de una capilla, fiesta que daba ocasión a octavario de carreras, reunión de gentes, y discusión de aquellos negocios que con el salteo de caminos conducían derecho a la destrucción del gobierno nacional.

"En un paraje de la sierra llamado la Jarilla, escribe el subdelegado, Lúcar Llanos, Pueblas y Agüero tienen reunidos doscientos hombres, desde donde algo intentan sobre San Luis. Están reuniendo caballadas y citando la gente, dando por pretextos que los Echegarayes se preparaban a invadir los Llanos.

"Conocedor de estos lugares, no extrañe que le diga que el gobierno de San Juan no puede contar con la decisión de estas gentes, y que me considero expuesto el momento menos pensado, no obstante el disimulo con que espían mis movimientos.

"Acabo de saber que ha pasado por la costa de Astica un Ruiz, de Mogna, con gente que dice viene a trabajar a una represa de Peñalosa. Por lo que no trepido en decir a S. E. que se precava, y no esté tan solo, sin una guardia, pues están en inteligencia con los de San Juan. Se habla de una revolución y de la posibilidad de asesinar al coronel Arredondo...

"Me tomo la libertad de suplicar a S. E. no se fíe de nadie y ponga cuidado en la elección de los hombres que lo rodean...

"El chasque sólo sabe que va a ésa, sin conocer objeto, y convendría que V. E. reservase éstas porque importa algo que aquí no se aperciban de nada".

El coronel Sandes, pocos meses antes, había recibido, saliendo de la casa del gobernador en San Luis, una puñalada que le dejó tres pulgadas de hierro clavado milagrosamente en una costilla, y el asesino asiládose en los Llanos, a cuya política servía.

El gobierno de San Juan hacía tiempo se preparaba para hacer frente al desquiciamiento que se veía venir. Podía contarse con la guardia nacional de infantería; pero la milicia de caballería que se forma en los departamentos rurales, simpatiza ahora como siempre con el Chacho.

Como en Buenos Aires hasta Cepeda y Pavón, en San Juan en todos tiempos, la caballería se había desbandado al presentarse todo enemigo, si no se pasaba en grupos a sus filas. Un día después de presentarse Quiroga o Chacho, millares de voluntarios dejaban el trabajo para aclamarlo y tomar parte en las escenas de violencia que seguían. Esta era la tradición local, y el coronel Sarmiento había en muchas ocasiones mostrado la necesidad de obrar un cambio en las ideas y en la organización de la caballería.

Vencido en Rosas, en Urquiza, el sistema que la montonera había levantado; establecida en los campos de batalla la superioridad de la infantería, la montonera no había sido vencida sin embargo, pues que en Cepeda triunfó, y en Pavón se retiró ordenadamente, mientras que nuestras enormes masas de caballería se habían desbandado al principio de la batalla. La montonera nos había comunicado e impuesto el levantamiento en masa, sin darnos su espíritu. En San Juan se había creado un plantel de caballería con el nombre de Escolta de gobierno; y probado en encuentros cuerpo a cuerpo con bandidos, se había logrado animarlo de otro espíritu. Al concluirse la campaña de La Rioja, el coronel Arredondo, devolviendo este puñado de soldados, los recomendaba como los que le habían con más decisión servido en todas las operaciones de aquella laboriosa persecución. Desgraciadamente eran sólo un piquete.

Tratóse de crear un escuadrón de Guías, tomando un nombre que el valor del coronel Sandes había hecho célebre, y pidiéronse a los jueces de paz hombres especiales. Del cuartel se fueron una noche trece, con vestuarios de paño, y aun con las armas. Ya podía inferirse el espíritu que reinaba. Al día siguiente, el Gobernador fue al cuartel, reunió la tropa y dijo a los soldados sin rodeos lo que había sucedido, pretextando haber sido mal servido por los jueces de paz; y recorriendo las filas dijo a uno: retírese Ud. por viejo; Ud. por enfermo, el otro por andrajoso, lo que demostraba que debía ser vicioso, y cinco más según que *lo hacía plausible* algún motivo aparente. La deserción cesó, y con otras medidas y mayor organización, se formó al fin el escuadrón de Guías, con cuyo espíritu se podía contar. Era sargento de este cuerpo uno que en la Rinconada se había pasado al enemigo, a vista y paciencia de ambos ejércitos, golpéandose la boca en burla de sus jefes. Cuando hubo de sometérsele a consejo de guerra, el fiscal nombrado insinuó al Gobernador que un su pariente creía impolítico castigar aquel crimen; y sometido a juicio, resultó que los testigos que una hora antes decían de voz en cuello la verdad de tan notorio hecho, en la causa declararon que les *parecía* haber visto, pero no podían asegurarlo. Esto había bastado para el fiscal, y el reo fue absuelto. ¿Qué hacer contra desmoralización que llegaba a tal extremo? Los Guías, sin embargo, sirvieron bien. Más tarde se organizó un escuadrón de granaderos, cuyas clases eran oficiales de milicia, a fin de darle consistencia, y romper aquella fatal tradición del desbande en presencia de la montonera, que había condenado a perecer a los ciudadanos en la Rinconada un año antes y entregado la provincia al saqueo de cuantos querían invadirla. Persuadir al paisanaje de que el Chacho no entraría a San Juan esta vez, ni frailes descalzos lo hubieran conseguido.

Se había encargado a Chile armas, paños, plomo, traídose dos mil cabos de lanza de Tucumán, y se procedía a organizar medios de defensa.

A mediados de marzo aparecieron grupos de montonera en las fronteras de Córdoba, San Luis y Catamarca, logrando sublevar los departamentos de San Javier y San Rafael en las faldas occidentales de la sierra de Córdoba, tomando la villa del Río Seco en San Luis. El 2 de abril pasaba desde Chile la cordillera de los Andes un coronel Clavero y sorprendía los fuertes de San Rafael y San Carlos al sur de Mendoza, avanzando hacia la desmantelada ciudad y *amontonando* gentes de a caballo. Así, pues, San Juan se encontraba a principios de abril encerrado entre La Rioja, oeste y norte de San Luis en armas, Mendoza amenazada al sur, y el levantamiento de las Lagunas y de Mogna en la misma provincia; no más seguro de los departamentos rurales contiguos a la ciudad y suburbios, y encerrando en la ciudad misma el personal de jefes y oficiales de Benavides cuyos compañeros en Chile o en las filas del Chacho estimulaban la rebelión, que ellos podrían secundar prestando a la montonera el auxilio de alguna práctica militar, o encabezar un movimiento en San Juan mismo, así que el batallón de línea saliese a campaña, reclamado de todas partes para contener el incendio, cuyas llamas asomaban por todos los puntos del horizonte.

¿Qué querían estos hombres?

A falta de gobierno, de legislaturas, de diarios, de manifiestos que explicasen el objeto y los medios de conseguir la proyectada subversión, un comandante de fuerzas en San Luis recibió la siguiente carta del Chacho, que por la torpeza de lenguaje y lo embrollado de lo que quisiera que expresase ideas, muestra suficientemente el origen y los elementos de aquella perturbación.

"Guaja, marzo 26 de 1863.
"Señor coronel Iseas: Mi querido y antiguo amigo: Me es muy placentero este momento que tengo la satisfacción de dirigirme a Ud. deseando que goce de una completa salud a la par de su apreciable familia, quedando por ésta su casa a sus órdenes.
"Amigo: después de los terribles acontecimientos que nuestras disensiones políticas nos hicieron sufrir, ha venido a renovarse la época del pasado, a consecuencia de la opresión en que han puesto a los pueblos los malos hijos de la patria. Nunca pude imaginarme que los que nos prometían la fusión se convirtiesen en dictadores, despertando personalidades y tiranizando a sus mismos hermanos; desterrando al extranjero y confiscando bienes, hasta dejar las familias a la mendicidad. Estos terribles procedimientos han dado el resultado que ya lo palpará Ud. Todos los pueblos se pronuncian clamando por la reacción, todos piden que se les devuelva sus libertades que han sido usurpadas por un puñado de hombres díscolos que no tienen más bandera que el absolutismo; y conociendo por mi parte la justicia que se reclama, no he trepidado apoyar tan sabios pensamientos.
"Recordando que Ud. ha sido un antiguo compañero y amigo, he resuelto dirigirle ésta para demostrarle la situación, y que se desprenda de esas creencias que lo perderán; yo lo garanto, amigo y compañero; véngase que en mí encontrará la buena fe, y el apoyo de un verdadero amigo fiel en mi palabra, y no dilate en admitir mis consejos, pues son los más sanos, y porque será lo más sensible para mí que se pierda un amigo de tanta importancia.
"Salud, amigo, y cuente con el afecto que le profesa su invariable S. S. Q. B. S. M. -

Angel Vicente Peñalosa. "

Como este estilo y estas ideas embrionarias son comunes a todas las notas del Chacho, debe atribuirse a la rudeza e ignorancia de los tinterillos que escribían por él. Sin embargo, si no es un señor Gil Navarro que tomó cartas en este movimiento, en todas las provincias a donde se extendió, no hubo manifestaciones escritas ni más racionales ni más inteligibles que ésta, por no haber tomado arte ningún hombre de cierta educación. Es el movimiento más plebeyo, más bárbaro que haya tenido lugar en aquellos países; pero aun así, como el de los *chouans* en Francia, y de la *jacquerie* en la Edad Media, puso en peligro cuatro provincias, y pudo desquiciar toda la República.

Cuando llegó a Mendoza la noticia de la invasión San Luis, el jefe del regimiento N° 1 de línea se puso en movimiento a marchas forzadas, en busca de bandoleros, pidiendo al gobierno de San Juan hiciese avanzar una fuerza de infantería a las Lagunas, a donde él le enviaría órdenes para que se le incorporase, lo que se hizo en efecto. El 1 de línea era formado sobre el plantel de Guías que el coronel Sandes había traído al interior, y derrotado al Chacho en las Lagunas de Moreno un año antes. Aquel cuerpo, con los que tuvieron parte en el combate de la Cañada de Gómez, que completó dos meses después la batalla de Pavón, era uno de los primeros en la rehabilitación que la caballería obtuvo en aquel combate, buscando y atacando a la montonera y derrotándola, no obstante su esfuerzo para resistir. Este hecho de armas estaba destinado a hacer crisis en la historia de la caballería argentina y destruir la preponderancia de la montonera. El regimiento N° 1 inspirado por el arrojo y dominado por el prestigio de su coronel, era el primer cuerpo que ofrecía llegar a la solidez y empuje del regimiento de coraceros, o de los granaderos a caballo, que sostuvieron durante los primeros veinte años de la independencia la gloria sin rival de la caballería argentina por toda la América. Si, pues, esta guerra del Chacho no se recomienda por el número de los combatientes, ni por el brillo de las batallas, tiene el grande interés militar de la rehabilitación de la caballería regular como arma eficaz, y el grande interés civil de la destrucción de la montonera como elemento político. Los argentinos están muy dispuestos a creer que su caballería en todos tiempos y circunstancias, debido a la nativa destreza del jinete, está en aptitud de medirse con toda otra. La guerra de Méjico, donde el ranchero no cede en destreza en el manejo del caballo al gaucho argentino, ha mostrado, sin embargo, su debilidad ante la caballería francesa, que es irresistible para ellos cualquiera sea su número. Aun la contraguerrilla francesa es superior a la caballería mejicana, poco feliz en los combates por falta de preparación. A más de la preponderancia que la caballería francesa adquirió sobre la austríaca durante las guerras de Napoleón, su lucha constante con los árabes le ha enseñado a combatir los jinetes más diestros en el caballo, por los defectos de esa misma calidad, que son falta de consistencia en la línea, y grande espontaneidad individual que la disloca fácilmente.

Al licenciar el grande ejército de los Estados Unidos después de la guerra, se ha propuesto conservar de preferencia en la frontera los cuerpos de caballería, habiendo enseñado la experiencia cuán difícil es improvisarlos. Durante los primeros dos años de la guerra, la caballería del norte mostró una grande inferioridad a la del sur; no porque fuesen aquéllos menos diestros en el manejo del caballo, sino porque éstos eran *farmers,* especie de nobleza como la de la Edad Media, o los quirites romanos, que tan grave cuestión fue siempre la de la caballería.

Alzamiento del Chacho

Todas las provincias del interior se pusieron en armas espontáneamente, así que les fue llegando la noticia del alzamiento. Salta, Tucumán, Santiago del Estero, concertaron seis fuerzas para reforzar a Catamarca o rescatarla si fuese tomada. Córdoba, San Luis, San Juan y Mendoza, entraron en campaña inmediatamente para rechazar la invasión, o sofocar la insurrección que por todas partes amenazaba. Los gobiernos de estas cuatro provincias teatro de la guerra, declararon el estado de sitio, a fin de apoderarse de los cabecillas conocidos que podrían dar apoyo a la invasión o acaudillar insurrecciones.

Como una muestra de la situación en que sorprendía a la República aquel inopinado alzamiento, copiaremos las lamentaciones que la prensa de San Juan hacía al saber la noticia de los movimientos de los Llanos.

"La noticia de su vandálica incursión en las campañas de San Luis, nos llega al mismo tiempo que la carta del presidente de la República a la sociedad de minas de San Juan.
"Al mismo tiempo que Rickard desde París anuncia estar trabajando para San Juan.
"Al mismo tiempo que el sanjuanino Rawson allana las dificultades del ferrocarril al interior.
"Llega en el día que el señor presidente recibe aviso que están fundiendo en los hornos de Santo Domingo.
"El día en que los carros de Moreno descargan las máquinas de amalgamación de Videla, construidas en Buenos Aires.
"El día que llegan a Calingasta las máquinas construidas en Valparaíso para la Sorocayense.
"El día en que el señor Fragueiro empieza a beneficiar metales.

"El día en que se inaugura el club de lectura de San Juan.
"El día en que se preparan en Chile capitales, compañías y barreteros para trabajar nuestras minas.
"El día en que los artífices llegados de Chile empiezan la techumbre y conclusión de la escuela Sarmiento.
"El día en que se apresta la casa de la señora Cortínez para abrir la escuela central de señoras.
"El día en que están saliendo para las minas las cuadrillas de barreteros que van a reanimar el trabajo, y dar a las máquinas metales para convertirlos en piña.
"El día, en fin, en que el señor presidente nos dice tengo diez vapores y diez mil hombres para curar la sarna de La Rioja.
"Nazar, Saa, Ontiveros, Carrizo, ¿lograrán retardar estos bienes que van a hacer de nosotros un pueblo rico? ¿Qué cosa harían sino lo que de ellos debe esperase y son capaces de hacer? Daño, alborotos, saqueo y destrucción de lo ya adquirido.
"Si, pues, hubiese que defender la tranquilidad pública defenderíamos no sólo las instituciones, el gobierno, la propiedad contra los ladrones, sino que defenderíamos el porvenir de riqueza y bienestar, de trabajo y de producción que hemos creado con el desarrollo de la minería que dará luego ya, riqueza para todos, pobres y ricos, patrones y peones.
"Los beduinos de San Juan, los sostenedores de Benavides, Virasoro y Díaz, están aquí gozando de las garantías que el gobierno asegura a todos.
"Pero si se imaginan que pueden conspirar a mansalva, a la sombra de esas instituciones, les prevendremos que esas instituciones mismas tienen sus resortes para montarlas a la altura de toda situación; y que han de ser conservadas y mantenidas, a despecho de la soberana voluntad de políticos de la altura de Agüero, Carrizo o Díaz. Ténganse por avisados."

El 7 de abril el Gobernador dirigió al pueblo la proclamación de la guerra, en términos que contrastan con la oscuridad y estupidez de la insurrección.

Proclama del Gobernador de la Provincia a sus habitantes

"Conciudadanos: Peñalosa se ha quitado la máscara.
"Desde la estancia de Guaja, secundado por media docena de bárbaros oscuros, que han hecho su aprendizaje político en las encrucijadas de los caminos, se propone reconstruir la República sobre un plan que él ha ideado, por el modelo de los Llanos.

"Bajo su dirección e impulso, estas provincias serán luego un vasto desierto, donde reinen el pillaje, la barbarie sin freno, y la montonera constituida en gobierno.

"No es un sistema político lo que estos bárbaros amenazan destruir. Es todo orden social, es la propiedad tan penosamente adquirida, toda esperanza de elevar a estos pueblos al goce de aquellas simples instituciones que aseguran a más de la vida, el honor, la civilización, y la dignidad del hombre.

"Conciudadanos: Vosotros conocéis La Rioja, donde han imperado por años hombres que eran todavía algo más adelantados que Chacho.

"Es hoy un desierto poblado por muchedumbres que sólo el idioma adulterado conservan de pueblos cristianos. Habéislo visto en 1853 en San Juan, incendiando inútilmente las propiedades y robando cuanto atraía sus miradas para cubrir su desnudez y saciar sus instintos rapaces.

"Tendríais otra vez a esas chusmas en San Juan, no sólo para robaros vuestros bienes, sino para hacerse de medios con que llevar la guerra y la desolación a otros puntos de la República. Vuestras mercaderías, vuestras mulas, vuestros caballos, vuestros ganados, vuestros trabajadores, vuestro dinero arrancado por las extorsiones y la violencia, son el elemento con que cuenta para llevar adelante sus intentos salvajes, porque mal los honraríamos con llamarlos planes de subversión.

"San Juan, por la cultura de sus habitantes, por la posición que ocupa en esta parte de la República, tiene algo más que hacer que defender sus hogares y su propiedad. Débele a la patria común, a la dignidad humana, salvar la civilización amenazada por estos vergonzosos levantamientos de la parte más atrasada de la población que quisiera entregarse sin freno a sus instintos de destrucción. San Juan reducido a la barbarie, San Juan saqueado, San Juan gobernado por el Chacho y sus asociados, desaparecerá del mapa argentino el día en que se aprestaba por sus propios recursos, por su propia industria y esfuerzo, a contarse entre las provincias más adelantadas y ricas de la República.

"Todo país encierra en su seno elementos de desorden. Los nuestros son numerosos. Están en la barbarie dominante en las campañas, en la despoblación de nuestros desiertos, en las pasiones feroces que este estado de cosas desenvuelve.

"Pero recordad nuestra historia de cincuenta años a esta parte, y veréis que cada día pierden fuerzas; que con Quiroga, Rosas, Urquiza y tantos otros, han sido vencidos sucesivamente, hasta hacer prevalecer un orden regular.

"Sucederá hoy lo que ha sucedido siempre. Harán daños, desquiciarán el orden, interrumpirán los trabajos que adelantan los pueblos; pero al fin, como siempre, triunfarán la civilización, el orden regular, las leyes que nos ha legado la Europa.

"San Juan no está solo hoy, como otras veces, luchando en defensa de sus derechos.

"Sobre toda la República se extiende el poder protector del gobierno nacional. Sus vapores dominan exclusivamente los ríos. Sus batallones victoriosos guardan las ciudades.

"El valiente coronel Sandes al este de los Llanos, con mil veteranos, tiene a la vista a Ontiveros y Pueblas, la vanguardia de Peñalosa.

"A vuestro lado está el comandante Arredondo, a quien conocen Angel, Chacho y demás bandoleros.

"Tenemos armas, y la brillante guardia nacional no ha de ir a las órdenes de oscuros bárbaros a despedazar y robar a otros pueblos, que es lo que les impondrían los enemigos que no supiera vencer.

"San Juan ha adquirido un nombre glorioso en la República, y por sus minas hasta en Europa se busca en el mapa dónde está situado San Juan.

"Próximo está el día en que mostremos que toda virtud, todo heroísmo, todo valor, toda acción noble y toda abnegación, tiene representantes dignos y modelos en San Juan.

"Conciudadanos: ¡A las armas y que San Juan sea un ejército, un baluarte contra la barbarie, y un ejemplo para todos los pueblos argentinos!

"Esto es lo que espera de vosotros vuestro compatriota y amigo. -
D. F. Sarmiento".

El 8 se recibió la noticia de haber derrotado el coronel Sandes la montonera de Ontiveros en la Punta del Agua, al norte de San Luis. Como hubiese pedido antes al gobernador de San Juan instrucciones para obrar en aquella improvisada campaña, éste, que conocía el arrojo de aquella fiera humana sedienta siempre de combates, de los que tenía ya como recuerdo cincuenta heridas en el cuerpo, aprovechó esta ocasión para insinuarle la idea de su responsabilidad como jefe.

"Marzo 27. Puesto que tiene la deferencia de pedirme consejo sobre la conducta que debe guardar con los montoneros y las autoridades, quiero corresponder a su confianza...

"A Ud. no hay que alentarlo, sino al contrario moderar los ímpetus de su valentía. Le recordaré que nuestros valientes generales Lavalle, La Madrid, Acha, no fueron felices en la guerra a causa de su mucho valor. El objeto del general es vencer. Si disparando se vence, el objeto está logrado. Chacho ha probado lo que puede hacerse por esta vía. Le exagero las cosas para que más impresión le hagan.

"He dado orden al comandante Arredondo que esté listo para ponerse en movimiento pero le aconsejo que no se recargue de infantería, pues lo mismo son cien que doscientos cuando el enemigo no la tiene...

"Si caen en sus manos cabecillas y oficiales de la montonera, mándelos bien amarrados al gobierno de San Luis para ser juzgados en un consejo de guerra, y de ese modo se ahorrará las reconvenciones de los que desde sus sillas poltronas en Buenos Aires hallarían qué decir [1]."*

El resultado de estas recomendaciones fue que con asombro de todos, el coronel mandó el combate, sin ser esta vez el primero en lancear enemigos; si bien no tuvo paciencia para aguardar la infantería que, no obstante una marcha asombrosa a mula, y no haber perdido un minuto después de recibida la orden de avanzar, llegó el 3 a San Francisco, algunas leguas a retaguardia. Era tal su fiebre de combates, que a cada momento se repetirán estos actos de precipitación que exponen a un contraste sin motivo, o malogran sacrificios costosísimos.

El 8 de abril mismo se recibieron órdenes y disposiciones del gobierno nacional nombrando comandante general de las fuerzas de línea y milicias de San Juan y Mendoza al Gobernador de aquélla, aunque sin el título de ordenanza, sino el de encargado de dirigir la guerra, e instrucciones además sobre la manera de proceder.

De ellas resultaba que el departamento de la guerra, a tanta distancia colocado, ignoraba hasta entonces la extensión del movimiento no teniendo de él otra noticia que haber sido asaltados los departamentos de San Rafael y de San Javier en Córdoba.

1. N. del A.: Esta nota y las demás que se extractarán deben conservarse en el archivo del Regimiento N°1
* N. del Ed.: Nótese el tono moderado en comparación con lo recomendado en la carta dirigida a Mitre en marzo de 1863

Habría sido un prodigio que instrucciones basadas en tales antecedentes, cuadrasen con los sucesos que era de suponer se habrían desenvuelto quince días después de dadas, y por tanto un mes después de pasada la situación que les sirvió de base. Por esta causa se encarga la guerra a un jefe que está en el teatro mismo, y se omiten instrucciones de detalle que pueden ser un embarazo o un contrasentido por más racionales que parezcan, dada la base imaginada.

Las instrucciones prescribían "obrar de acuerdo con el gobierno de la Rioja." ¡Había sido depuesto!

"Evitar comprometer al gobierno nacional en una campaña militar." La guerra estaba ya en Catamarca, Mendoza, Córdoba y San Luis.

"Ocupar militarmente el punto de Famatina". El enemigo estaba obrando a cien leguas de distancia en rumbos opuestos.

"Oficiar a Peñalosa, a fin de que coopere a las medidas." ¡El se declaraba jefe de la rebelión!

"Si no fuese absolutamente necesario mover la caballería de línea que se halla en Mendoza, no ordenar su marcha." Ya había sostenido un combate a 150 leguas de distancia de Mendoza.

"No convocar la milicia, sino en caso extremo, etc." ¿No habría sido mejor no mandar instrucciones?

Sin embargo, en carta particular se corroboran, como cosa meditada, determinando el carácter de la guerra. "La Rioja se ha vuelto una cueva de ladrones, que amenaza a los vecinos, y donde no hay gobierno que haga ni policía de la provincia; declarar ladrones a los montoneros, sin hacerles el honor de considerarlos como partidarios políticos, ni elevar sus depredaciones al rango de reacción."

Las instrucciones oficiales daban igualmente el epíteto de *salteadores* a los insurrectos, y su objeto era *castigarlos* . Tal era en verdad el carácter de aquella guerra que principió por el salteo de las Lagunas, y continuaban los mismos individuos que Peñalosa no había querido entregar a la justicia, haciéndose así cómplice y encubridor.

Pero a despecho de lo dispositivo de aquel soñado plan de operaciones, era preciso obrar, como si tal cosa se previniese; y en lugar de pensar en Famatina al norte, el resto del batallón 6° de línea partió el 10 a la noche, hacia Mendoza al sur, a donde se acercaba Clavero, y no contando el gobierno con elementos seguros de resistencia, ni el respaldo de una ciudad que pudiese ser defendida, según lo exponía en notas cada día más apremiantes. El 13, contándose ya con la llegada del coronel Arredondo ese día a Mendoza, se aventuró con éxito un ataque de vanguardia que dio por resultado la derrota de Clavero y su fuga al sur, a donde mandó Arredondo avanzar una compañía de infantería de su batallón que guarneciese el fuerte de San Rafael. Un mes más tarde su presencia y su jefe, sofocaron un levantamiento de milicias de caballería que habría vuelto a dar base a Clavero o a otros para tentar fortuna de nuevo.

Mendoza, pues, quedaba asegurada y la situación de San Juan despejada del mayor de los peligros de la guerra, un enemigo a la espalda. ¿Cuál era la posición de la división del coronel Sandes? El 8 de abril daba cuenta de haber recibido nota del ministerio de la guerra, de ponerse a las órdenes del gobernador de San Juan, detallando su fuerza de cuatrocientos hombres a quinientos, y esperando órdenes. El 10 avisaba que sin esperar esas órdenes ni contestación a una nota en que pedía a Peñalosa la entrega de los invasores, marchaba sobre los Llanos. El 11 daba cuenta que acababa de recibir carta del gobierno de Mendoza del 5, en que le comunicaba la aparición de Clavero en San Carlos con una montonera, y emprendía marcha forzada para Mendoza, suspendiendo sus operaciones sobre La Rioja. Afortunadamente, el 12 recibía órdenes del director de la guerra, de acercarse a las Lagunas donde encontraría instrucciones para continuar a Mendoza, si la situación de la guerra lo exigía; permanecer allí, o replegarse sobre San Juan, según el caso.

El 16 llegó, en efecto, a este punto, y sabedor de que Clavero había sido derrotado el 13, y viéndose frustrado en su ansia de combates, descargó su saña sobre un cabecilla que había tomado, haciéndolo ejecutar, y en una nota al ministro de la guerra, se quejaba de la mala medida del director de hacerlo venir a aquel punto en el momento en que él iba a entrar en los Llanos con 1.500 hombres que decía tener a sus órdenes.

Nada habría sido más desastroso que la loca empresa de aquel valiente temerario, pero falto de cordura y de toda idea de subordinación y dependencia. La caballería no es fuerte por el valor solo, sino por los caballos. Había hecho la suya 200 leguas desde Mendoza en 10 días, y estaba a pie para entrar en los Llanos e iniciar una campaña desde campo raso, sin una ciudad de donde proveerse de los artículos indispensables. No tenía municiones y el armamento de un sexto de su regimiento estaba inutilizado. Colocado en las Lagunas recibió orden de avanzar hacia San Juan, a donde debía volver el coronel Arredondo, y reunido su batallón que se hallaba parte al norte de San Luis y parte al sur de Mendoza, concertar operaciones combinadas, con fuerzas, caballos y elementos competentes.

Llegaban a la sazón las armas y pertrechos de guerra comprados en Chile, y mediante el entusiasmo y abnegación de los ciudadanos que rivalizaban todos en esfuerzo para acabar con aquel estado de cosas, con una administración militar activísima, con los recursos de una plaza de comercio, y maestranza dirigida con inteligencia, el 26 de abril salía de nuevo a campaña el coronel Sandes, con una fuerte división montada toda a mula y con caballos herrados, como el mariscal Bougeaud lo había intentado en Argel contra los árabes, y se complacía en saber por el coronel Sarmiento que ésa era la práctica en Cuyo desde la época de San Martín [2].

El coronel Arredondo, con otra división igualmente fuerte, debía obrar por la parte alta de La Rioja, pues el coronel Sandes tenía que volver por el mismo camino que había traído, a causa

2. *Viajes por Europa, Africa y América*, del autor

de haber reaparecido las montoneras en Río Seco y amenazar a San Luis de nuevo. Sus instrucciones le ordenaban dirigirse a San Francisco, que está al Este recto de San Juan, con lo que quedaba a cubierto la ciudad al sur, y desde allí operar al norte y obrar sobre los Llanos.

En estas instrucciones y para que no repitiese lo de las Lagunas, se le decía, además de lo concerniente a operaciones militares, que habiendo probado una larga experiencia que los medios habituales de rigor no son siempre eficaces para desarmar la insurrección, se recomendaba al jefe de la expedición usar con mesura la pena de muerte, y no aplicarla sino en los casos de ordenanza, y siempre con intervención de un consejo de guerra verbal, que hiciese constar los hechos incriminados y dar lugar a la defensa.

Sin embargo de entrar en operaciones dos divisiones tan superiores a toda resistencia de parte del Chacho y sus bandas, San Juan, para quien conocía la táctica de la montonera, nunca estaba más expuesto que entonces a un golpe de mano, por lo que fue necesario reunir todas las milicias, crear nuevos batallones, puesto que el de Rifleros estaba en campaña, y estar preparados contra bandoleros de a caballo, que en la campaña del año anterior habían fatigado al ejército en una estéril e interminable persecución, y puesto a rescate a San Luis, cuando el ejército los buscaba a cien leguas de distancia. Lo absurdo no es objeción racional contra enemigos para quienes arrebatar caballos y merodear es el blanco y propósito de una campaña.

Desembarazada de enemigos Mendoza, y armada parte de su milicia con las armas traídas de Chile, el mando confiado al coronel Sarmiento, contaba un batallón de línea y cuatro de guardia nacional, diez piezas de artillería en ambas provincias, un regimiento de caballería de línea, y tres de milicia movilizada.

De buena se salvó San Juan por entonces. Habiéndose publicado el 6 de mayo la proclama a los vecinos de La Rioja que a continuación insertamos, se mandaron ejemplares a las divisiones, y directamente a La Rioja, para que fueran conocidas sus disposiciones. Uno de los emisarios tuvo la desgracia de ser cogido y llevado a Patquia, donde el Chacho se preparaba para lanzarse sobre San Juan, por el claro que dejaban descubierto las divisiones en campaña. Amenazado de ser lanceado como espía si ocultaba la verdad, se le pidieron noticias de las fuerzas que había en San Juan; y como no se persuadiesen de su dicho, el paisano para corroborarlo, sentándose en cuclillas como es la práctica cuando se pintan marcas en el suelo, demostraba la posición de los diversos cuerpos en la revista de la plaza de armas de San Juan el 6 de mayo. Desde la catedral al cabildo, decía, estaban dos batallones; en frente del cabildo las piezas de artillería, y desde aquí hasta aquí ocupaba la caballería.

El Chacho y sus capitanejos conocían la plaza de San Juan como a sus manos, y podían darse cuenta del hecho. El resultado fue que la marcha resuelta para el día siguiente, se abandonó, y que el Chacho fue sorprendido el 21 de mayo por el coronel Sandes, quien le dio batalla y lo derrotó completamente, como era inevitable, dada la calidad de las fuerzas no sin que le arrebatasen al coronel Sandes mulas, caballos de repuesto, y equipajes; lo que paralizaba la persecución que debía de ser activa para que la victoria diese todos sus frutos. La proclama a los riojanos, explicando el carácter y motivos de la guerra, era la siguiente:

> *D. F. Sarmiento, Encargado del Gobierno Nacional para restablecer el orden perturbado por la sedición en La Rioja.*
> "Riojanos: La República ha sido sorprendida en medio de la quietud de que gozaba, por las proclamaciones y manifiestos sediciosos de Vicente Peñalosa, a quien el Gobierno Nacional había dispensado toda clase de consideraciones. A aquella tentativa de sublevación contra todo gobierno, habían precedido irrupciones sobre Catamarca, Córdoba y San Luis, al mando de Ontiveros, Pueblas, Varela, Agüero y otros que no pertenecen a La Rioja...
> "Estas expediciones de vándalos han sido escarmentadas en todas partes, y ahora los criminales vuelven a buscar un asilo en La Rioja para salvarse del castigo.
> "Riojanos: Peñalosa, vosotros lo sabéis, es demasiado estúpido, corrompido e ignorante para que ningún pueblo ni partido le

preste apoyo. Podrá ser un bandolero, pero nunca un jefe de partido.

"Los que extravían a aquel torpe le han hecho creer que el general Urquiza encabeza una reacción, y que en todas las provincias tienen partidarios.

"El resultado ha sido que la provincia de La Rioja sola aparece a los ojos de la República como una guarida de ladrones, prontos a lanzarse sobre todas las provincias vecinas que ningún agravio le han hecho.

"Riojanos: Estoy encargado por el Gobierno Nacional de restablecer la paz y castigar a los malvados. Cuento con vuestra ayuda y cooperación eficaz.

"Es preciso que cada riojano se lave de la mancha que le han echado los intrusos que se asilan en su territorio.

"Es preciso que desaparezca el escándalo de un ebrio estólido, que con el título de general, que no le da autoridad ni poder alguno, levanta tropas, invade provincias, y aun se rebela contra el mismo gobierno que le concedió aquel título.

"Riojanos: Los jefes del ejército nacional, coronel don Ambrosio Sandes y teniente coronel don José M. Arredondo, llevan encargo de proteger a los vecinos que se conserven tranquilos en sus casas, y de perdonar a los que extraviados o por obedecer a sus jefes, han tomado las armas y las depongan presentándolas a las autoridades que dichos jefes reconozcan, o instituyan provisionalmente. Sólo llevan orden de prender a Peñalosa, Chumbita, Angel, Potrillo, Varela, Lucas Llanos, Pueblas, Ontiveros, Tristán Díaz, Agüero, Berna Carrizo, y los que sean autores de crímenes comprobados.

"Riojanos: Ninguno de aquellos criminales o los que obren en su nombre, puede mandaros; y hay delito en obedecerles después de esta proclamación, hecha a nombre y por autoridad del Presidente de la República.

"Los jefes del ejército enviados a pacificar La Rioja, temibles sólo en el campo de batalla, harán honor al deseo del Presidente de la República, brigadier general D. Bartolomé Mitre, mostrando que son los mejores amigos del vecino pacífico y honrado. Confiad en ellos.

"Así lo espera vuestro compatriota."

El Chacho en Córdoba

No se obtuvo en San Juan la noticia de la derrota del Chacho en Lomas Blancas sin que accidentes nuevos viniesen a mostrar la tenacidad del desquiciamiento que amenazaba al país. El conductor del parte de la batalla fue detenido en el Valle Fértil por una montonera nueva en territorio sanjuanino. Su cabecilla, un mayordomo de estancia, había estado oyendo las descargas de fusilería del combate y leyó el parte que anunciaba la destrucción del Chacho, y sin embargo éste fue el momento escogido para organizar un levantamiento, en punto que estaba colocado entre dos ejércitos. Como se ha visto ya, los descendientes de los indios Mogna, los de los Huarpes, de Guanacache, y los raros pobladores del desierto al oriente de Pie de Palo, estaban desde el principio en abierta insurrección.

Un comisario de la administración de San Juan obedecía las órdenes del Chacho, entre otras ésta:

> "El General en jefe de las fuerzas reaccionarias. - Campamento general de Patquia, mayo 11 de 1863. - Al señor juez comisionado Andrés Castro:
> "Tengo conocimiento que usted está encargado por el coronel Agüero para vigilar todos los puntos donde pueda pasar algún chasque o aproximarse alguna fuerza de San Juan, y para el efecto le faculto a usted suficientemente para que haga uso de recursos y hombres que precise para el servicio. -
> *Angel Vicente Peñalosa.* "

La residencia de este juez estaba a doce leguas de la ciudad, y en efecto, dominaba las vías de comunicación con el ejército en campaña. San Juan estaba sitiado.

Al saberse que la división de Sandes había perdido su remonta de caballos, el Director de la Guerra, en una proclama anunciando la victoria, pintó la necesidad de un nuevo sacrificio, casi con aquella frase de Enrique III: mi reino por un caballo, y ochocientos herrados, de pesebre, de los de la silla particular de los vecinos, salieron el 29 de mayo, tres días después de recibida la noticia, a proveer al coronel de medios de movilidad que ejército alguno en América había tenido iguales. Escoltábalos el escuadrón Granaderos, el segundo creado después del de Guías y bajo el mismo plan, debiendo tenerse presente que al salir de San Juan el coronel Sandes, contra lo prevenido en sus instrucciones escritas, se había llevado el escuadrón Guías, quedando así la provincia sin ninguno de los cuerpos de caballería sólida, con tanto esfuerzo creados.

El 5 de junio escribía desde Chepes al recibir municiones y víveres que se le anticipan, lo siguiente: "He recibido su muy satisfactoria de fecha 29 del pasado, en la que me anuncia mandarme seiscientos caballos y mulas, los cuales me vienen perfectamente, porque están muy escasos en estos lugares, y usted sabe que lo que se necesita en estas operaciones son caballos, por lo que agradezco mucho a usted el celo que ha procedido...

"El comandante Segovia con cuatrocientos hombres persigue de cerca la montonera en número de 200. El comandante Echegaray se hallaba a doce leguas de ellos, el coronel Iseas tiene orden de aproximarse también. Yo con la fuerza que tengo los espero por este lado, por si acaso quieran dar la vuelta como acostumbran."

Nada más acertado. El mismo día 5 el que conducía los caballos avisaba desde Valle Fértil haber llegado sin novedad, y estar tomando lenguas sobre el paradero del coronel Sandes para dirigirse en su busca.

Sin embargo, el 7 avisaba a San Juan el coronel Sandes que se encontraba en Río Seco, San Luis, en busca del Chacho haciendo sentir las graves consecuencias que podría traer la demora de las caballadas. El se había alejado al Este, recorriendo treinta leguas en dos días. El 11 estaba en la ciudad de San Luis, en busca del Chacho siempre.

¿Por qué se movió de Chepes sabiendo que la remonta venía detrás de los que le daban aviso del envío? ¡La sed de combates lo cegaba a ese punto! Destruyó en una marcha de cien leguas sin descanso de día y de noche, los caballos en que iba montado. Caían los soldados de fatiga; él fue a morir a Mendoza de consunción y en San Luis nadie pudo darle noticias del grupo de montonera que buscaba.

La peregrinación de la soberbia caballada fue una verdadera campaña. En los Llanos, el patriotismo es como en el Sahara. El niño, la mujer, todos contestarán lo contrario de la verdad. ¿Por dónde va la división?, y le señalarán con la boca o con el pie: para allá. Se puede tomar a ciencia cierta el rumbo opuesto si se quiere acertar. La custodia de la caballada tuvo tiroteos y escaramuzas, disparadas y campeos para reunirla. Llegada a Río Seco, la división habría pasado de noche por alguna parte y nadie salía dar razón de ella. Mejor orientado al fin, el comandante se dirigió al Este en lugar de doblar al sur como Sandes, y vagó y vio disminuirse y aniquilarse la caballada perdiéndose así el nervio de la guerra, y el último esfuerzo que San Juan podía hacer y había hecho con desprendimiento, Si Sandes hubiese tenido la paciencia de estarse quieto veinticuatro horas, habría sabido la dirección que el Chacho llevaba, y montada como habría podido estarlo su fuerza en caballos de pesebre y herrados, seguídolo al extremo de la República, y tomádolo al llegar a Córdoba.

Y no era que el coronel Sandes no estuviese prevenido; decíale en nota del 11 de abril: "Por el plan que comunico a US., verá que nada es más necesario que la exactitud en los movimientos, pues faltando una de las fuerzas, la de US. por ejemplo, en caso de invasión a los Llanos, se comprometería el éxito, por ser tan grandes las distancias para reparar en tiempo la falta".

¿Dónde estaba el Chacho? ¡Estaba el 11 de junio en posesión de la ciudad de Córdoba, la segunda en la República, a setenta leguas de la ribera del Paraná!

Acertaba a encontrarse el Inspector General de Armas de la República en San Luis cuando llegó allí la noticia de hecho tan inconcebible, tan absurdo, y sin embargo, por desgracia indubitable. Recorría la frontera, y la aventura del coronel Sandes, a quien había licenciado un día antes dando por concluida la guerra, ponía desde luego, dando contraórdenes, una fuerte división en sus manos. Esta circunstancia, feliz ahora, de desgracia que fue en su origen, hacía que el general Paunero fuese esta vez *the right man, in the right place*. Sus órdenes volaron en todas direcciones, y el 29 de junio se reunían a la vista de la ciudad de Córdoba, el 1°, el 4°, el 6° y el 7° de caballería de línea, parte del 6° y del 1° de infantería, medio batallón de rifleros de San Juan y otras divisiones de milicias. Si algún defecto había en el plan de ataque, estaba en la inútil superioridad de las fuerzas para enemigo de tan poca capacidad; pero tal fue la alarma que lo extraordinario del hecho produjo, que desde Buenos Aires venían marchando batallones y artillería a fin de conjurar el peligro real de que la conflagración se extendiese a otros puntos.

El Chacho, reforzado por los de a caballo en su tránsito y alrededores de la ciudad, se puso en fuga a la sola vista de ejército tan irresistible, dejando a la infantería de Córdoba rendirse a discreción a la primera descarga. Esta fue la batalla de las Playas de Córdoba. Como Clavero había caído sobre Mendoza en ausencia del 1° de caballería, los indios cayeron sobre el Río Cuarto desde que el 4° de caballería abandonó su puesto, y sobre San Luis con la ausencia del 7°.

¿Cómo había podido el Chacho entrar en Córdoba? Necesitamos volver un poco atrás para explicar, si explicación admite este hecho. En país tan perturbado por el desquiciamiento de medio siglo, no sólo en los Llanos de La Rioja y en los seides de las tiranías han de buscarse las causas que prolongan el malestar.

Hay en toda la América del Sur ideas sobre las facultades del gobierno republicano, o sobre la extensión de las garantías de los gobernados, que alimentan y mantienen las luchas de los partidos, aun los más sinceros: y en los Estados que se han dado formas federales, se añaden muevas cuestiones a las que ya dividían los ánimos. Sin remontar a otros antecedentes, recordaremos que en Córdoba, como en las demás provincias, existían antes de la batalla de Pavón, sostenedores de la confederación, y simpatizadores con las ideas que sostenía Buenos Aires, y triunfaron entonces. Cuando el ejército vencedor estaba paralizado en Rosario, entre el Entre Ríos al Este, que se mantenía en armas, y las provincias del interior a las que cubría una fuerte montonera tras del Carcarañá, los simpatizadores con Buenos Aires en Córdoba, hicieron por sí solos un esfuerzo, depusieron al gobierno confederado, y dieron batalla a sus fuerzas y las vencieron. Este hecho, y la victoria de la Cañada de Gómez que le siguió, disolviendo la montonera, hacía de la campaña sobre las provincias un paseo militar, haciendo de Córdoba, amiga ahora, la llave del interior.

Pero con el ejército iba el personal del anterior gobierno emigrado de Córdoba, escapados de un golpe de Estado que a su propio partido diera el ex presidente de la ex confederación, para desbaratar un plan retardado del gobierno de Buenos Aires; y llegado que hubo a Córdoba el jefe del ejército, por razones de prudencia, creyó deber intimar al gobierno simpático, pero revolucionario, que cediera el poder al depuesto gobierno confederado antes y simpático ahora.

Cuán extraña e inmotivada pareciese esta resolución, los que habían ahorrado al ejército una guerra dejaron el gobierno, que ocupó el antiguo personal, y tuvo que ceder a un tercero provisorio mientras se procedía a elecciones. El hecho mecánico del cambio dejaba el germen de un desquiciamiento, que no cesa todavía, y que ha sido causa eterna de perturbación, como lo había sido diez años para la confederación otra combinación igual sugerida por una política mal aconsejada. San Juan había sido quizá el único pueblo del interior que había simpatizado con el movimiento acaudillado por el general Urquiza contra Rosas. Llegado al poder Urquiza, creyó estar en sus intereses mantener en San Juan la dominación del caudillo Benavides, declarar díscolos a sus amigos y ensañarse contra ellos, porque no aceptaban la perpetración del caudillo que tan bueno se mostraba para servir a Rosas corno a Urquiza, a quien poco antes había declarado loco.

Las elecciones reñidísimas como era de esperarlo, dieron razón a los simpatizadores que habían hecho la revolución libertadora, con lo que quedaba probada la inutilidad al menos del sacudimiento, al deponer el gobierno revolucionario aun dado el supuesto que para algo fuese necesario.

El partido vencido no quedaba por eso anulado, la lucha continuó y la brecha abierta agrandándose. En este estado encontraba los ánimos el levantamiento del Chacho, que despertaba esperanzas de un cambio. Algunos departamentos se sublevaron, los comandantes Carranza y Aguilar fueron asesinados, y el gobierno declaró la provincia en estado de sitio, como lo habían hecho las otras en que la insurrección respondía o amenazaba responder a la invasión.

En esta crítica coyuntura apareció en los diarios de Buenos Aires publicada una circular del gobierno federal declarando abusivo de parte de los gobiernos provinciales hacer uso del estado de sitio en caso de invasión o insurrección, por ser facultad, decía, reservada por la constitución al gobierno federal.

La publicidad dada al acto mostraba que el poder ejecutivo deseaba que no sólo los gobiernos a quienes se dirigía conociesen sus sentimientos, sino que además ejerciesen su influencia sobre los pueblos mismos, y para entrar en la realidad práctica sobre los partidos e individuos a quienes podía afectar el estado de sitio.

El sentido práctico indicaba que provincias tan distantes no podían acudir al gobierno nacional en tiempo de aprovechar de su venia, si su venia era necesaria para apoderarse de los personas de militares y seides que habían sido de Rosas, Benavides, Chacho, Saa, y demás de esta clase.

Si era disculpable el error, o el celo por la verdad constitucional que lo llevaba a suscitar esa cuestión, nunca quedaría justificado a los ojos de una política prudente el momento inoportuno en que se hacía, pues que la guerra ardía en cinco provincias, y la insurrección reaparecía apenas sofocada. Si los gobernadores no tenían facultad de declarar el estado de sitio ¿por qué el gobierno nacional no rectificaba la forma, y lo declaraba él en los mismos lugares, en virtud de sus atribuciones? ¿No se sentía el riesgo de añadir a las dificultades de la situación de aquellas lejanas ciudades, el peligro de destruir, enervar, desmoralizar el poder moral de los gobiernos amenazados en su existencia por enemigos semibárbaros, con una condenación que les quitaba toda autoridad? La legislatura de San Juan al leer aquella circular, a fin de parar sus efectos, ratificó el estado de sitio proclamado en su receso, declarando no estatuir nada en litigio tan en mala hora suscitado.

El Congreso de los Estados Unidos después del primer año de guerra civil, tomó una resolución aprobando todos los actos inconstitucionales, o las infracciones de la ley a que hubiese vístose forzado el ejecutivo para sofocar la rebelión, sin determinarlos ni discutirlos.

En Córdoba produjo el efecto que debía temerse dada la animosidad de los partidos. Los adversarios del gobernador, que acertaba a ser un médico, cobraron ánimo y se le rieron en sus barbas. El 13 de mayo se publicó la circular y germinando esta semilla con la lozanía de las malas yerbas, el 11 de junio dio su fruto en un motín de cuartel que abrió las puertas al Chacho. El general Paunero, dando cuenta a los gobiernos de Mendoza y San Juan del hecho, decía "que había habido un movimiento encabezado por los *rusos,* teniendo a Oyarzábal (amnistiado) por jefe, y al ex gobernador Achával, a consecuencia del cual el gobernador Posse había fugado. El Chacho marchando como una exhalación día y noche estaba el día 9 en el camino carril que va por el naciente de la Sierra de Córdoba, así es que el movimiento encabezado por los *rusos* ha sido con conocimiento que ese día han tenido de la dirección del Chacho".

La misma prensa que había inspirado la circular, en lugar de ver en el desastre de Córdoba los efectos de desmoralizar el poder del gobierno, y dar armas a las resistencias, se ensañó contra aquel gobernador que no había sabido conjurar insurrecciones, traiciones e invasiones sin estado de sitio, imponiéndole la necesidad de renunciar al puesto, con lo que el desquiciamiento moral y político de Córdoba tomó nuevas creces con nuevas elecciones, nuevas luchas, y nuevos partidos; y este mar en borrasca, agitado por vientos que vienen de lejos continúa hasta hoy sin encontrar su nivel y tranquilizarse. Uno de los ministros nacionales escribía en enero de 1864: "He encontrado esta sociedad completamente anarquizada, y puede decirse que desmoralizada. Sólo estando aquí se puede comprender que una mitad de la población sólo se ocupe de ganarle elecciones a la otra, sin reparar en medios". El mismo juicio había formado el jefe de policía de San Juan, D. Camilo Rojo, que escribía con fecha 27 de septiembre: "Cada vez más me persuado que si usted falta del interior antes de la completa pacificación, es muy posible que todo acabe por un triste desengaño, porque si se atiene a las altas medidas del gobierno nacional, siempre tardías, y sobre hechos locales que no puede apreciar tal cuales son, el remedio llegará cuando el enfermo esté ya muerto. Córdoba no es más que un foco de desmoralización, que todo lo reduce a escandalosa farsa; Mendoza sosteniéndose por la sola voluntad del gobierno, porque no hay ciudad ni apoyo; así es que todo lo que vengo viendo hasta aquí, me hace conocer lo único que nos queda por este lado, es San Juan, que al menos tiene formas".

El gobierno de San Juan expuso, en defensa de sus facultades, las razones que según su entender le servía de base, reducidas a considerar como condición inherente al gobierno, cualesquiera que fuesen las formas constitucionales, la facultad de preservarse, por la limitación de las garantías personales, en caso de insurrección e invasión, como todos los gobiernos de la tierra.

El gobierno nacional en réplica hizo esta significativa declaración: "El pensamiento es hacer penetrar hondamente en la conciencia del pueblo que el gobierno nacional se abstendrá de hacer uso de este medio de gobierno (el estado de sitio), y que sólo lo empleará en circunstancias muy extraordinarias y extremas; porque considera que ni es indispensable para gobernar, ni superior a los medios ordinarios de gobierno que la constitución ha puesto en sus manos para garantir eficazmente el orden y las libertades públicas, sin necesidad de atacar o suspender esas mismas libertades".

Era de dejar pasmados este intento a pueblos que no sean los de Sudamérica, empeñados hace medio siglo en hallar la cuadratura del círculo. Como se ve, no sólo la declaración de estado de sitio por las legislaturas provinciales era vituperable, sino que también la cosa misma lo era en su esencia y en la constitución federal, de cuya facultad no haría uso, sino en el mayor extremo, no siéndolo por cierto el presente en que iba corriendo medio año de revuelta, y derramamiento de sangre por salteadores, a quienes se habían dado ya seis batallas, sin poner fin al desorden creado con el confesado designio de destruir constitución, gobierno, autoridades nacionales y provinciales, y entregar las ciudades a saco.

¿Qué interés había, por entonces al menos, de hacer *penetrar hondamente* en la conciencia del pueblo, que el gobierno argentino podía hacer lo que gobierno alguno de la tierra había intentado jamás, que es mantener el gobierno por los medios ordinarios contra la invasión combinada con la insurrección? ¿Era a efecto de la inteligencia de la masa del pueblo argentino, de su respeto habitual por la ley, de la moderación de sus partidos, del celo por la libertad, mayor que en Inglaterra y los Estados Unidos, donde el gobierno no hace tan peligrosas pruebas?

Otra cosa parecía resultar de medio siglo de luchas y desorden, ya para destruir tiranías horribles, ya para crearlas y fomentarlas, porque para todo había argentinos. ¿No valiera más pedir a los más adelantados y celosos por las garantías que otras naciones fundaron y nosotros recibíamos aceptadas por la conciencia humana, que en país donde los hombres están diseminados sin formar sociedad, donde la ignorancia predomina y los medios de comunicación son lentos y difíciles, si alguna modificación pueden admitir esos principios en puntos lejanos y apartados? Los romanos concedían la ciudadanía a los municipios que dependían del senado, mientras que las provincias bárbaras o rebeldes quedaban bajo el dominio del general.

Cuatro años de guerra civil en los Estados Unidos han mostrado cómo entienden los pueblos libres las garantías en caso de rebelión, y cómo aplican el remedio donde el mal aparece. En los Estados rebeldes y en los leales, cuatro años durante la guerra, y un año después, se mantuvo la suspensión del *habeas corpus,* y la ley marcial, y continúa ésta aun en casos particulares, sin que nadie se alarme ni el congreso se interponga, ni se le creyera por eso más prudente ni más justo que cualquiera otro poder.

En pos de las grandes y prolongadas tiranías, las generaciones nuevas, en su odio al poder despótico de que se han visto libres, envuelven al gobierno mismo en sus principios constitutivos, lo que las lleva por la perturbación diaria y el malestar a la anarquía, que requiere al fin un despotismo. Este es el ciclo que creyó fatal Vico, y que la Francia ha recorrido dos veces en menos de un siglo. No sucedió así con los romanos. Cuando destronaron a los Tarquinos, si bien limitaron el término, y *dualizaron* el personal del ejecutivo, le conservaron todo su poder, sin excluir la dictadura irresponsable en los casos extremos. Los lores ingleses, luchando siglos con sus reyes por asegurarse garantías, nunca les disputaron el derecho de suspenderlas en caso de insurrección. El *habeas corpus* fue, al fin de mil experimentos, el medio que se inventó para reclamar de toda prisión injusta, excepto en casos de insurrección que el *habeas corpus* no garante.

Podría objetarse a la generalidad de esta doctrina que los Estados Unidos, al darse una constitución, insertaron en ella el privilegio con la restricción, tan inseparable es la una del otro, sin imaginarse ingleses y norteamericanos que había luego de presentarse en la tierra un pueblo que tiene en su lengua las palabras *chiripá y guardamontes, caudillo, mazorca, montonera,* que pretendería hacer dar un paso más a la humanidad en cuanto a garantías de la libertad personal, reclamándola aun en caso de insurrección para Chacho, Potrillo, el Flaco de los Berros, Chumbita, el Rubio de las Toscas, y los lores del desierto sus secuaces y paniaguados que sostuvieron treinta años, y pretendían ahora reivindicar con Rosas, que la mejor constitución es el cuchillo aplicado a las gargantas por el bárbaro rudo de las campañas, o las clases bajas o ignorantes organizadas en bandas armadas.

Como este disentimiento entre ambos gobiernos coincidiese con la batalla de las Lomas en que fue derrotado el Chacho, y por tanto invasión y sedición desaparecieran, el gobernador de San Juan se apresuró a renunciar, por creerlo ya innecesario, el encargo de dirigir la guerra que tantas duras cargas había impuesto al pueblo de San Juan, y tantos sinsabores en su gobierno, dando cuenta de las operaciones ejecutadas y los resultados obtenidos. La guerra lo había defraudado de una noble esperanza. Quería constituir una provincia en la capacidad orgánica que conserva en la federación, y visto desbaratada su obra.

Más tarde el gobierno nacional, con motivo de la guerra del Paraguay, parece haber abandonado aquellas doctrinas, extendiendo el estado de sitio a toda la República, en previsión de desórdenes posibles, y prolongándolo mientras lo reclamen las circunstancias.

La experiencia propia y el ejemplo de los Estados Unidos han debido ilustrarlo sobre este punto.

La guerra en los Llanos

En 29 de abril, como lo habrá ya olvidado el lector, el comandante Arredondo, con buena fuerza, compuesta de parte de su subdividido batallón y parte de rifleros de San Juan, la escolta de gobierno y dos escuadrones de milicias, emprendió desde San Juan por la vía de Jáchal, ocupar a Chilecito en la parte montañosa de La Rioja, y dominar los Pueblos, de origen indígena.

El comandante Arredondo, afamado por su valor, era más digno de tan merecida reputación por su sensatez y prudencia, que tanto lo habilitaban para dar consejo como para recibirlo. Destinado a permanecer a las órdenes del gobierno de San Juan con su batallón, pocos días le bastaron para apreciar la marcha del gobierno y prestarle aquella cordial simpatía que vale más en tiempos pacíficos que el concurso de las armas. Si alguna vez le insinuaron la posibilidad de una revolución, contestó sobándose las manos: "Magnífico para mi batallón que se aburre de estar de guarnición; antes que haya recibido orden del gobernador, le paso el parte de la *volteada",* riéndose después con el gobernador mismo del pavor del Satanás que venía a tentarlo.

En la campaña anterior, que había terminado con lo que el Chacho entendía tratados, sitiado en la plaza de La Rioja que defendía con sesenta infantes, contra la montonera, fusiló y colgó dos espías, cuando vio que le escaseaban los cartuchos, como otro habría quemado sus naves. Herido en un brazo, con fractura, dirigía desde su cama la defensa un momento reducida al cuartel, pues los enemigos habían practicado una brecha en las trincheras. El asedio fue levantado, y para la montonera conservado ileso el prestigio de la infantería, aunque estuviese representada por una compañía contra toda la turba de a caballo.

La campaña que esta vez emprendía sobre La Rioja estaba destinada a ser la más laboriosa y oscura de aquella obstinada guerra, que la victoria constante no era parte para extinguir. Cúpole siempre la parte más difícil y la menos aparente. Su batallón en particular, se halló en todos los encuentros, en Mendoza, San Luis, Córdoba, La Rioja, San Juan. A Mendoza llegó a tiempo de servir de reserva al cuerpo de vanguardia que dio buena cuenta de Clavero. A La Rioja llegó cuando fuerzas de Santiago, Tucumán y aun Salta, al mando del general Taboada, habían disipado las que les oponía un Berna Carrizo en las cercanías de la ciudad. Sin embargo, sobre sus hombros pesó, mientras a otros tocaba la fácil gloria de disipar montoneras, la ruda tarea de estorbar que volviesen a tomar consistencia en el foco de donde partían.

De esta constante dispersión en átomos del 6° de línea para acudir con su núcleo de fuerza a todos los puntos, hay un documento curioso que por la novedad del caso insertamos aquí: "¡Soldados!, decía el gobernador de San Juan a un resto del batallón; he sido encargado por vuestro comandante de representarlo en el acto de entregar a vuestra custodia la bandera que os conducirá en adelante a la victoria. No es un hecho vulgar el que sólo un grupo de enfermos y la banda de música del batallón estén presentes en este momento solemne. Vuestro batallón está hoy disperso sobre un área de miles de leguas, cosechando en todas partes laureles nuevos y prestando servicios al país. En sesenta días vuestras bayonetas han brillado al mismo tiempo al pie de los nevados Andes de Chile, en las campañas de San Luis, en el Malargue cercano al estrecho de Magallanes, Chilecito, en las Lomas Blancas, y en las Playas de Córdoba, haciendo en todas partes morder el polvo a los traidores que intentaron conflagrar la República".

Llegado que hubo el comandante Arredondo a Chilecito, y

disipando reuniones con su presencia, encontróse con que el coronel Wilde, de Salta, ocupaba aquellas alturas, mientras que el general Taboada estaba acuartelado en la ciudad. Podrá formarse idea del carácter de aquella guerra y de la situación del país por la circunstancia de que el gobierno de San Juan, provincia limítrofe a La Rioja, hacia el sur, ignoraba hasta entonces la verdad de los hechos ocurridos en el norte, cuyas fuerzas acumuladas sobre La Rioja, ignoraban a su vez lo que pasaba en los Llanos y los posteriores sucesos. Esto explica por qué la división Rivas se dirigía un año antes al norte, cuando el Chacho sitiaba a San Luis al sur; por qué Sandes se dirigía a San Luis, cuando aquél marchaba sobre Córdoba que le abría las puertas: por qué la caballada de repuesto nunca pudo saber la dirección de una fuerte división de las dos armas, en cuyo seguimiento iba. El desierto es mudo, sordo y ciego.

Una revuelta en Catamarca requirió la presencia del general Taboada, y con esto y el regreso de Wilde a Salta, terminó la acción espontánea de las provincias del norte que se habían armado apresuradamente para contener aquella conflagración, que el lejano gobierno nacional había creído asunto de simple policía de caminos.

Ocupábase el comandante Arredondo con poderes e instrucciones del comisionado nacional de organizar un gobierno provisorio civil, que pusiere orden en aquel caos, donde no sólo faltaba gobierno, sino materia gobernable o susceptible de ser gobernada, cuando recibió de San Juan aviso de lo que ocurría en Córdoba. La carta al gobierno de Mendoza en que el general Paunero comunicaba las primeras noticias con sus primeras impresiones, concluía diciendo: "Es bueno que sin pérdida de tiempo envíe esta carta a Sarmiento, indicándole que conviene que si el general Taboada permanece aún en La Rioja, marche sobre Córdoba llevándose consigo al comandante Arredondo, que en cuanto a las fuerzas de Tucumán y Salta, que están en Chilecito al mando del coronel Wilde, les haga decir sin pérdida de tiempo que allí permanezcan hasta que pase esta tormenta de verano".

Fue constantemente la suerte de todos estos planes concebidos a trescientas o doscientas leguas del teatro de la acción partir de datos que tenían un mes o dos de fecha. Ni Taboadas ni Wildes había a quien comunicar estas órdenes, y en cuanto al comandante Arredondo, al trasmitírselas, se le indicaba obrar bajo su responsabilidad, como creyese convenir al mejor servicio, con lo que se abstuvo de darles cumplimiento.

El general Paunero había tenido parte gloriosa en las batallas de Caseros, Cepeda, Pavón, en las que predominando por ambos lados el arte montonero del levantamiento en masa de paisanos a caballo, los ejércitos contaban por decenas de miles, perdiendo en solidez lo que ganaban inútilmente en volumen; y como los caudillos no pagan sus tropas, ni usan material de guerra, los gobiernos civilizados pagaban en millones de pesos el plagio. El mariscal Bougeaud decía con este motivo que para vencer a los bárbaros con sus medios, era preciso hacerse más bárbaro que ellos. Esta ruinosa imitación de la montonera, y que tan malos resultados dio, hacía al general Paunero acumular sobre Córdoba las fuerzas de ocho provincias, abandonando fronteras y terreno conquistado sobre la montonera, para disipar algo menos que una tormenta de verano, una nube de polvo levantada por un puñado de derrotados.

Mejor aconsejado el comandante Arredondo trasladóse a la frontera de los Llanos al Este para aguardar al Chacho que llegaría de Córdoba infaliblemente derrotado. Colocóse en efecto en El Chañar, a cuyos alrededores no tardó en presentarse el siempre derrotado Chacho corriéndolo todo un día, hasta que la noche y la espesura del bosque espinoso ocultó a los dispersos fugitivos.

Desde ese día principia el acto más heroico, más romancesco que las crónicas de la montonera tan intangible, tan rápida y fugaz recuerdan. Alguna cualidad verdaderamente grande debía de haber en el carácter de aquel viejo gaucho, si no era nativa estolidez, como la terquedad brutal que a veces pasa plaza de constancia heroica. Batido toda su vida en sus algarabas, derrotado esta vez en las Lomas, en las Playas, destruidas sus esperanzas de cooperación en Córdoba, San Luis, Catamarca y Mendoza, esperado a su regreso a los Llanos por Arredondo, su ecuanimidad no se abate un momento, y perseguido *à outrance* huye, huye, huye siempre, pero sin perder los estribos. Toca la frontera del norte de La Rioja, la sigue al oeste hasta encontrarse con la Cordillera de los Andes, que le ofrece paso para Chile; pero lejos de aceptar este medio de salvación, recorre sus faldas orientales, vuelve hacia el Este por la frontera de San Juan, y llega, después de haber recorrido en cuadro la provincia, al punto desde donde había partido quince días antes, dejando a sus perseguidores a oscuras otros quince días sobre su paradero, y asombrados y desconcertados al saberlo, después de haber destruido sus caballadas y encontrándose casi bloqueados en la ciudad de La Rioja; pues pasando por los pueblos en esta corrida fabulosa, el Chacho volvió a resucitar las montoneras, que dieron en qué ocuparse por meses a la caballería sanjuanina.

Recordaráse que el parte del combate de Lomas Blancas fue interceptado en Valle Fértil por una montonera. Este incidente, al parecer insignificante, vino a complicar de nuevo la situación del comandante Arredondo, que no recibió la mitad de su batallón que había concurrido con Sandes al combate de Córdoba, sino setenta y cinco días después. El gobierno de San Juan mandó una fuerza de caballería conduciendo dinero y pertrechos de guerra a la división que operaba en la guerra, pero con orden expresa de estacionarse en Valle Fértil, a fin de mantener las comunicaciones y disipar la montonera sanjuanina. Otra cosa dispuso empero el jefe expedicionario, ordenándole penetrar en los Llanos en apoyo de pequeños destacamentos de infantería dejados para tenerlos en respeto en Malanzán, Orquea, etc. Y bien le valió por cierto, pues aumentando el levantamiento con la vuelta del Chacho, uno de aquellos había sido sorprendido y tomado prisionero, y para la montonera tomar infantes era triunfo tan grande como en los tiempos de la conquista para los indígenas matar un caballo, lo que mostraba que los monstruos no eran invulnerables. Inmediatamente fue destacada de San Juan otra compañía del 6° de línea a reforzar al comandante Arredondo y llevarle cien caballos, con instrucciones al jefe de permanecer en Valle Fértil, hasta recibir órdenes de su comandante y de no avanzar sin ellas. El oficial creyó inoficiosa esta precaución, avanzó un día, y al siguiente amaneció sin caballos de remonta ni mulas de transporte.

El gobernador de San Juan, que ya no dirigía la guerra, pero que tanto conocía la índole de la montonera, sintió todas las consecuencias del incidente, y la algazara con que se recibiría la noticia de hallarse a pie en el desierto un fuerte destacamento de infantería, al que podían aspirar a rendir por cansancio o por hambre. En el acto hizo partir un nuevo escuadrón de caballería en apoyo de la infantería; y con el anterior destacamento, y los infantes recogidos de Malanzán, se encontraron reunidos a poco cuatrocientos hombres de infantería y caballería en Valle Fértil. Enardecidos los capitanes con su fuerza, salieron en busca de la montonera por recuperar los caballos, marcharon un día, y al ponerse el sol, por una línea de escuchas subidos sobre los árboles, descubrieron en el Bajo Hondo la del enemigo, al mando del Chacho, que en efecto acudía ya a Valle Fértil a tomar la infantería que creía abandonada.

Muchas críticas se hicieron sobre este encuentro sin éxito que la montonera dio por una derrota. La verdad es que la hora hacía inútil aventurar cargas de caballería que exponiendo mucho, no podían obtener nada, pues la noche hacía imposible la persecución. Acaso no debió formarse en cuadro la pequeña fuerza de infantería, lo que disminuía sus fuegos y su influencia moral; pero nada obtuvo el enemigo, ni apoderarse a retaguardia de las mulas de silla y bagajes, ni dispersar un solo hombre en cambio de los muchos muertos que tuvo. En la noche, viéndose los capitanes rodeados de fuego con el incendio del bosque circunvecino, resolvieron retirarse a Valle Fértil, lo que ejecutaron sin pérdida, dando aviso y pidiendo municiones a San Juan. Cuando se aprestaban éstas para salir escoltadas, recibióse noticia de llegar en retirada la fuerza toda a San Juan, por haberlo creído así prudente sus jefes, informados de que tenían encima el grueso de la montonera. El comandante Arredondo no perdía en esto sino veintiséis infantes de su propia fuerza; pero los Llanos quedaron en poder del Chacho y en armas; la comunicación con San Juan cortada, y el enemigo enardecido, puesto que una vez por lo menos no había sido derrotado. Con los once infantes tomados, y fusiles recogidos de aquí y allí, tenía el Chacho cuarenta y seis infantes, al mando de un desertor del 6°.

Para San Juan principiaba con este incidente una nueva época, y para el gobierno la tarea de defender la provincia, en lugar de cuidar como hasta entonces de salvar a las otras. La posición de los Llanos, Valle Fértil, los Colorados, Mogna y el desierto que se extiende entre las lagunas y el Pie de Palo, ponía al Chacho a las puertas de San Juan y a ésta sin medios seguros de rechazarlo. Arredondo estaba escaso de caballería para contener el alzamiento de los Pueblos, que se ramificaba a Catamarca, y carecía de caballos para descender a los Llanos en busca del Chacho. Enviar remonta de caballos a Arredondo por Jáchal, única vía expedita, acaso un plantel de caballería de línea, era el único medio de poner a cubierto a San Juan, movilizando sus fuerzas, casi desmontadas en la ciudad de La Rioja; pero en San Juan ya no había caballos, y si el Chacho aventuraba un golpe de mano, no había caballería a quien confiar el éxito de un combate fuera de la ciudad.

En Mendoza estaba el regimiento número 1, y el gobernador escribió al coronel Sandes insinuándole la conveniencia de avanzar con su regimiento y restablecer las posiciones perdidas en La Rioja. El coronel Sandes estaba agonizando a causa de sus heridas y murió en pocos días. Este sí que era un triunfo para la montonera.

Así terminó a la edad de treinta y seis años el coronel Sandes su carrera militar, que podía seguirse por el reguero de sangre de sus propias venas que dejó dondequiera que encontró enemigos, desde las floridas campañas de la Banda Oriental, donde nació, hasta los espinosos desiertos de los Llanos de La Rioja, en que terminó su obra. A Sandes debe la República Argentina, no la extinción de la montonera, sino la rehabilitación de la caballería regular, que con los Guías en la Cañada de Gómez, y el regimiento 1° de línea volvió a las antiguas glorias de los granaderos a caballo y de coraceros de Ituzaingó. El 1° de línea todavía se distingue de los otros cuerpos en la pujanza terrible de sus cargas, como si los manes de Sandes lo presidiesen siempre en el ataque. Sandes era montonero de origen, educación y espíritu. En él se conservó el primitivo ardimiento de las montoneras de Artigas y Carrera, la gloria y el ansia del *entrevero,* es decir, del combate personal cuerpo a cuerpo, que fue el secreto de la montonera en los días de su pujanza. Decaída en presencia de los progresos del material de guerra y de la composición de los ejércitos de línea, Sandes trajo a la caballería regular el fuego que le faltaba para acabar con el alzamiento del paisanaje, de cuyo seno salía.

Muchos valientes tienen la suerte de escapar en una vida entera de combates a las balas y a las cuchilladas. Ney no recibió una sola herida durante su brillante carrera militar. Diríase que el cuerpo de Sandes atraía los misiles; su alta figura las venganzas, como las agujas de los templos atraen los rayos. En tiroteos parciales de avanzadas, Sandes salía herido siempre; en un reconocimiento en que el enemigo hizo cinco disparos, uno depositó una bala en el cuerpo de Sandes, a quien se mandaba en arresto a fin de forzarlo a curarse. Con la desesperación del asesino que sabe el peligro que corre si yerra el golpe, el puñal se clavó otra vez en una costilla de Sandes, quebrándose, como se había quebrado antes la punta del florete que lo atravesaba al volver de una esquina en Buenos Aires. Recomendándole al general Mitre sus hijos, que hoy están en un colegio militar de los Estados Unidos, hacía valer ésta su fatal predestinación a recibir heridas. Pero las que le hacían en el combate cuerpo a cuerpo, eran más el efecto de su arrojo que de la mala suerte. Era un almacén de cólera, pronto a incendiarse con el menor frotamiento, y miraba como tiempo perdido el consagrado a parar un golpe mientras había un pecho en donde hundir su terrible lanza.

Sandes contó cincuenta y tres heridas de bala, de puñal, de sable, de florete, de bayoneta, sin morir de ninguna. Murió de todas juntas, cuando la sangre que no había derramado ya no pudo circular por aquellos canales rotos y mal remendados por las cicatrices.

El boletín del ejército llevaba cuenta de sus heridas. En un tiroteo en la campaña de Buenos Aires, una bala en el estómago, cuarenta y nueve heridas hasta entonces. En el Carcarañá la quincuagésima, de bala, en la caja del cuerpo quince días después. La quincuagésima prima, puñalada de un asesino en el pecho en San Luis; la quincuagésima segunda un balazo después de la paz, paseándose a los alrededores de su campamento en los Llanos. La quincuagésima tercera, una lanzada en un pierna en las Lomas Blancas, frontera de San Juan. Aquí paró la cuenta. Buscaba con ahínco, dando las señas, al que le dio la última lanzada en quien reconocía un valiente de su talla, "porque éste, decía, vino a *pelearme* sabiendo quién era yo".

Puede juzgarse por el fin que hizo si era en efecto Sandes catador de valientes. Entre los prisioneros hechos por la división del coronel Arredondo, después de Caucete, preguntaron a un joven: ¿en cuál de aquellos grupos va el Chacho? -En éste, contestó sacando su puñal y atravesándose el corazón. Era el hijo de Ontivero, y el que buscó a Sandes para *pelearlo* en las Lomas Blancas, en donde éste se había avanzado al frente, a desafiar a los enemigos, contra las instrucciones escritas que le vedaban tomar parte personal en el combate. Rodeáronlo ocho, dio algunas buenas lanzadas, recibió una ligera en la pierna, y viendo el cuento mal parado, se replegó sobre la infantería. Sandes decía al hablar de la lanzada, "aunque poca cosa, lo siento porque el viejo me va a arrestar por haber desobedecido sus instrucciones".

Como las mujeres en achaques de hermosura, no toleraba el elogio en su presencia de otro valor que el suyo; y cuando de valientes heridos se hablaba, preguntaba con la dignidad de un senador que interrumpe: "¿Dónde están las heridas?, ¿en el pecho?" Era Orlando Furioso, y su enajenación infundía estímulo y terror en sus propios soldados. Pródigo de su sangre, no había de mostrarse económico de la ajena, y su odio y desprecio por el gaucho, de que él era un tipo elevado, le hacía, como es la idea del montonero argentino, propender al exterminio. El Chacho murió a sus manos, aun después de muerto él mismo; pues sus subalternos fueron simples ejecutores de esta manda testamentaria. Su carrera terminó, sin embargo, en la hora precisa señalada a sus cualidades. Era la Juana de Arco que rehabilita una causa perdida. Después no tenía misión en que sus cualidades fuesen utilizables. Era batallador y no militar. La sed de combates lo arrastraba, sin plan, sin mesura, en busca del enemigo. Instrucciones, caballos, soldados, divisiones obrando de concierto, todo era desatendido, inutilizado o propuesto. El poder civil, sólo por influencias personales o por obtemperancias prudentes, habría podido entenderse con él desde que hubiese ascendido a situaciones más altas. Habíale el gobernador de San Juan, por quien tenía particular deferencia, preparado una magnífica caballada herrada. Esta última circunstancia lo tenía encantado por lo nuevo para él. ¿Y las mulas por qué no vienen herradas?, preguntó al caballerizo. No sé, señor, así me las han entregado. –Vaya, dígale al jefe de policía que hierre esas mulas. -El jefe de policía se disculpó con que no tenía órdenes, y sobre todo con la inutilidad de la cosa. Sandes se apersonó en el acto a la policía a imponer su mandato. Como se le hiciese comprender que no se procedería a herrar las mulas sin orden del gobierno, despachó al caballerizo a intimar al ejecutivo su voluntad. Un gaucho con chiripá, botas de potro, y con su lanza por toda arma, se presenta en la casa de gobierno con este simple mensaje: –Dice el coronel que haga herrar ahora mismo las mulas. –Retírese usted. –¿Qué le contesto? –Que se le ha dado orden de retirarse. Comprendiendo que el defecto debía estar en que él no era el jefe de la división, el caballerizo volvió a presentarse en las oficinas de gobierno con esta nueva misiva: –Dice el coronel que de orden del coronel Rivas hierre las mulas. –Retírese usted, fue la única contestación, preparándose para lo que podía sobrevenir. El coronel Sandes había sido, según se supo después, apartado con dificultad del propósito de ir a atravesar con su lanza al gobernador que se obstinaba en no herrar las mulas. Pasado el arrebato de cólera, el coronel se presentó en casa del gobernador, pasó toda la tarde con él sin hablar del incidente, en plática amistosa y mostrándose, como siempre, simpático y complaciente. De estas escenas estaba llena su carrera. Su museo de heridas mostraba la causa en la súbita e indomable ignición de su cólera homérica, terrible como el incendio, para amigos y enemigos indistintamente.

De su sucesor en el mando del primer regimiento recibió contestación el gobernador de San Juan que no se movería sin orden del general en jefe que estaba en la ciudad de Córdoba. Acontencía así, pues, que el cuartel general del ejército en campaña estaba a ciento cincuenta leguas de sus tropas, y con el enemigo interpuesto entre las que obraban en La Rioja.

Como nada hubiera que modificase situación tan tirante, fue comisionado el jefe de policía de San Juan para ir a Córdoba a exponer al general la situación real de las cosas, y conjurarlo a que mandase órdenes a Mendoza de avanzar caballos y caballería de línea en auxilio de Arredondo a La Rioja, so pena de un desastre inevitable en San Juan, de todo punto al descubierto. Costóle al general aceptar la idea de un peligro por ese lado, y remediar a la situación, como mandar una remonta de caballos. Después de dos conferencias se obtuvo la orden de movilizar un escuadrón del 1° escoltando quinientos caballos; orden que no pudo realizarse sino a fines de octubre, como se verá en adelante. Con fecha 13 de octubre, escribía el general en jefe lo siguiente al gobernador de San Juan: "No creo oportuno prevenir a S.E. que una de estas disposiciones es la que con fecha de ayer se comunica al señor general Rojo, a fin de que formando una columna fuerte de mil hombres o más si fuese necesario (en Tucumán, a doscientas cincuenta leguas de San Juan), abra inmediatamente operaciones por Catamarca sobre la provincia de La Rioja, o los puntos que designen las circunstancias, teniendo fundados motivos para creer que el expresado general Rojo se ha anticipado en la realización de aquella medida".

Se persistía, pues, en la estrategia de la grande guerra, y el "inmediatamente" o a mediados de octubre, dadas las distancias, el cansancio y la falta de recursos, debía computarse en el mes de diciembre. ¡El 20 de septiembre habría sido tarde!

Los extractos que siguen mostrarán la persistencia desesperada conque el gobernador de San Juan combatía aquel sistema fundado en juicios formados a doscientas leguas de distancia, desoyendo a veces las aserciones del que, en contacto con el enemigo, sabía hasta sus conversaciones, esperanzas y propósitos; y en el remedio próximo o lejano estaban comprometidas una provincia que podía ser saqueada de un día a otro, siete en las que podría prender la chispa mal apagada del levantamiento. Así se le contestaba:

"Mendoza, septiembre 13:
Con motivo del pedido que en fecha anterior hace al señor gobernador Molina de una compañía o escuadrón de caballería como única fuerza de esta arma con que pueda contar, creo conveniente hacerle algunas explicaciones... Pero esté V.E. en la persuasión de que si nuestra presencia fuese necesaria, el regimiento volará a ponerse a sus órdenes para contribuir a la tranquilidad de San Juan -

Comandante Segovia."

"Octubre 13.
Veo por su carta del 11 que el (ya) coronel Arredondo debe haber batido al Chacho, y digo batido, porque tengo la más entera fe en

que así sucederá si acaso llegan a las manos, y por lo que me dice el general Paunero en el párrafo de carta que le trascribo, me confirmo más y más en esta idea. Espero que las próximas noticias que se digne mandarme V.E. serán más satisfactorias; y que muy pronto podremos festejar un nuevo triunfo de nuestras armas, o la pacificación de La Rioja por cualquier otro medio. -
Segovia."

¿Había algún otro medio que la victoria para destruir la montonera? Sí; el párrafo de carta trascrito decía así: "No obstante que, según dice el general, es muy probable que no tenga lugar la acción, y que el Chacho trate de llevar a cabo la negociación entablada."

El coronel Arredondo trascribía por el mismo tiempo este párrafo de carta del general Paunero datada de Córdoba; Septiembre 29: "Por las noticias que tengo del Chacho debe encontrarse éste en Olta o en el Chañar (estaba en Atiles, frontera de San Juan). Ha abierto negociaciones conmigo sobre la base de someterse quedando de simple particular en su casa, con tal que nombre gobernador de La Rioja al coronel Arredondo. Le he contestado que admitía el sometimiento de todos ellos, con la expresa condición de no quedar en La Rioja, alejándose temporariamente de allí, hasta que el país quede completamente pacificado en todas direcciones. Me cuesta creer que el Chacho acepte estas condiciones, y obro en el sentido de estrecharlo en un círculo de fuerzas, como para acabar de una vez con la montonera de La Rioja."

En carta al gobernador de San Juan comunicaba el mismo plan, con los nombres de los amnistiados. Puebla, Potrillo, Agüero, Ontivero, etc., y esta circunstancia característica que "el Chacho le había escrito muy enojado, porque no suspendía las hostilidades, diciéndole que si en adelante quería tratar, se acercase el general en jefe adonde él estaba, que todavía tenía medios de triunfar".

También al gobernador de San Juan le fue dirigida esta propuesta de pacificación, y como no quedó de este negociado otro documento oficial, insertamos aquí *in integum* las notas cambiadas, tales como se publicaron entonces en los diarios:

"Campamento general de los Llanos
de La Rioja, agosto 26 de 1863.
"El General de la Nación.
"Al Excmo. Señor gobernador don Domingo F. Sarmiento:
"El que firma, con el deseo de terminar la incesante lucha en que se ve comprometido con las fuerzas mandadas por V.E. de esa provincia y de las demás, han dispuesto dirigirse a V.E. para que le manifieste cuál es el verdadero fin que se propone al hacer a estas provincias y la suya misma, una clase de guerra que no dará otro resultado que el constante derramamiento de sangre argentina, y el exterminio y destrucción total de las propiedades, porque si el infrascripto se ve en el caso de hacer uso de los intereses de su provincia para sostenerse, las fuerzas de V.E. que expedicionan a esta provincia con igual o menos derecho, no sólo hacen uso de lo que precisan, sino que destruyen todo cuanto encuentran sin respetar las propiedades y vidas de los vecinos, haciendo así una guerra enteramente vandálica y destructora, muy indigna de un gobierno culto y civilizado, y que si la nación entera ha puesto en sus manos los recursos con que cuenta, no lo ha autorizado por eso para exterminar sus habitantes ni destruir y atropellar las propiedades particulares.
"En vista de esta dolorosa situación a que ha quedado reducido el país entero, se dirige el que firma a V.E. pidiéndole una explicación de esta conducta, y de las razones que motivan al gobierno nacional a continuar en el tenaz propósito. V.E. sabe muy bien que no sólo peleando se triunfa, y que con política y tomar medidas más conciliadoras conseguirá lo que no ha de conseguir del modo que se propone.
"Persuadido queda el que firma que V.E. en representación de ese gobierno pesará estas reflexiones e inmediatamente adoptará el camino que queda para terminar la guerra. No se negará el infrascripto ni se negarán sus compañeros de causa a aceptar un medio que sea prudente y admisible, una vez convencido por V.E. y hecha una proposición justa.
"Queda el infrascripto esperando el resultado de ésta, y hasta tanto ofrece a V.E. las consideraciones de su aprecio y distinción. Dios guarde V.E. -

Angel Vicente Peñalosa. - Agenor Pacheco,
secretario en campaña."

"San Juan, septiembre 2 de 1863.
"Señor don Vicente Peñalosa:
"He recibido una nota firmada por Ud. llamándose 'general de la nación', en la que dice 'que deseando terminar la incesante lucha, se dirige a mí para saber cuál es el verdadero fin que me propongo al hacer guerra a esa provincia', enumerando los males de ella, y pidiendo las razones que motivan al gobierno nacional a continuar en el tenaz propósito, indicándome que 'no sólo peleando se triunfa. Y que con política y con tomar medidas más conciliatorias, se conseguirá lo que no ha de conseguir del modo que se propone.'
"Sería faltar a la dignidad de un gobierno responder oficialmente a tales proposiciones; pero al contestarlas particularmente como lo hago, he creído que no es del todo inútil quitarle a los que tan imprudentes notas le hacen firmar, el pretexto de haber sido desatendidos.
"Llámase Ud. general de la nación, y con este título se dirige a un gobierno. ¿Obedece Ud. al presidente de esa nación, manteniéndose en armas? El ser o haber sido general, ¿le da a Ud. títulos para reunir fuerzas?
"Y al quejarse de los males que Ud. mismo hace sufrir a La Rioja, ¿obedece Ud. al gobierno de esa provincia, o está Ud. investido de algún poder legal?
"El gobierno nacional, al dar instrucciones para contener las depredaciones cometidas en Río Seco y Río de Sauces por gentes armadas salidas de los Llanos, debió contar con que un general de la nación, como se llama Ud., concurriese con su esfuerzo a mantener la quietud y castigar a los malvados.
"El coronel Sandes se lo indicó así el 5 de abril desde Río Seco, pidiéndole la captura de los que habían perturbado la paz y que habían vuelto a asilarse en los Llanos. No tenía Ud. que quejarse hasta entonces de haber sido molestado, ni sospechado siquiera de connivencia en el atentado. ¿Qué contestó Ud.? Contestó que no los aprehendía porque habían invadido a San Luis y Córdoba por orden suya. Pocos días después anunció Ud. en una proclama, llamándose general en jefe del ejército del centro, que se proponía obrar una reacción. Esos mismos que Ud. decía haber obrado por su orden antes, volvieron a invadir a San Luis, mientras que Berna Carrizo, que Ud. había hecho gobernador de La Rioja, Carlos Angel y otros de sus partidarios, invadieron a Catamarca.
"Todos estos atentados los había perpetrado Ud. antes que un solo soldado del ejército nacional ni de las provincias hubiese penetra-

do en el territorio de La Rioja, adonde se fingieron fuerzas que a fines de mayo lo derrotaron a Ud. en las Lomas Blancas.

"No tiene Ud., pues, disculpa. Como general de la nación fue Ud. traidor y rebelde, sin que hasta ahora haya podido ni pretendido siquiera alegar un cargo contra el presidente de la República, que le conservó ese título de general, y que contó con la lealtad que Ud. le debía.

"¿Podría Ud. alegar algún agravio de parte del gobierno de San Juan? Si hoy lo pretendiera, tendrá que confesar que nunca lo manifestó Ud. antes, para ser satisfecho. El gobierno de San Juan tuvo por el contrario motivos de queja de Ud.

"Prescindo de los ganados que a pretexto de marcas desconocidas tomó Ud. de vecinos de Valle Fértil.

"Cuando un Agüero, sanjuanino, a quien mi gobierno no había perseguido, asilado en los Llanos, entró en las Lagunas y las saqueó de ganados y caballos, llevándose el botín a los Llanos, estropeando y robando de su dinero y propiedades a varios transeúntes, entre ellos dos franceses, el gobierno de San Juan reclamó, como era de su deber, pidiendo los reos de un delito cometido en su jurisdicción. No era éste un acto de guerra, pues Ud. mismo estaba en paz y reconocía las autoridades nacionales y provinciales. Ordenándole a Ud. su gobierno contuviese esos ladrones, Ud. contestó que habiéndolos desarmado, creía mejor perdonarlos que castigarlos, y esos mismos ladrones son los que más tarde invadieron por orden de Ud. Río Seco, Río de los Sauces, San Francisco, etc.

"Con estos hechos y los posteriores Ud. dejó burlada la confianza del presidente, que con política y con tomar medidas conciliadoras, como Ud., lo propone ahora, creyó que podría pacificar La Rioja. 'No se negará, dice Ud., ni se negarán sus compañeros de causa, a admitir una propuesta justa'. ¿Pero quién respondería de la lealtad y buena fe suya y de sus compañeros, para cumplir con lo estipulado? ¿No engañó ya al presidente? ¿No ha declarado Ud. que iba a obrar una reacción contra ese presidente? ¿Puede Ud. estorbar a sus compañeros Pueblas, Lizondo y otros, que en medio de la paz invadan las campañas de Córdoba y San Luis; Agüero las Lagunas de San Juan; Varela o Angel a Catamarca? Y si puede hacerlo, ¿por qué no lo hizo en abril, cuando Ud. era general de la nación y gozaba del prestigio que sobre esos cabecillas le han quitado sus derrotas continuas y su incapacidad de hacerse respetar?

"El gobierno nacional podrá obrar en la esfera de sus atribuciones como mejor lo estime conveniente; pero yo no tengo autorización para dejar impunes la serie de atentados cometidos por Ud. y sus compañeros.

"Mucho debe sufrir la provincia de La Rioja con la presencia de fuerzas nacionales, y mucho más con las montoneras que Ud. ha reunido, pues ya dice Ud. en su nota que se ve en el caso de *hacer uso de los intereses de su provincia*, como si la Rioja fuese, a fuer de llamarse Ud. general de la nación, provincia de Ud. y suyas las propiedades de los vecinos. Recuerdo que el mismo uso han hecho Ud. y sus compañeros de los intereses de los vecinos de San Juan, donde sus hordas indisciplinadas han entrado por orden de Ud., y que mayores son los sacrificios que se han impuesto todas las provincias y el gobierno nacional, para resistir a agresiones vandálicas que han tenido por único instigador a Ud., según sus propias declaraciones y proclamas.

"¿Cuál debe, con tales antecedentes, ser el motivo del gobierno nacional al llevar adelante la guerra en La Rioja? El buen sentido debiera indicarle que no puede ser otro que dar garantías a las vecinas provincias de que en adelante no serán robadas de sus propiedades, invadidas por los aventureros, sus compañeros de Ud. en atentados; y habiéndose Ud. rebelado contra toda autoridad constituida y declarádose general en jefe de un ejército del centro, para una proyectada reacción, capturarlo, para someterlo al rigor de las leyes. Ese es al menos su deber. Como son jefes del ejército nacional los que han penetrado en La Rioja con tropas disciplinadas a quienes no se permite o tolera el robo, como lo hace Ud. por impotencia quizá para reprimir el desorden, me creo autorizado a negar los cargos que Ud. hace a su conducta, sin entrar en otros pormenores que sería ridículo discutir con Ud.

"Muchos más daños puede Ud. inferir todavía a estas pobres provincias, retardando indefinidamente la época de restablecerse de los quebrantos que los desórdenes de Ud. y demás malvados que le acompañan han causado.

"Sería vergonzoso que Ud. solo contra la voluntad de las gentes honradas, obre, a fuerza de destruir propiedades, paralizar el comercio y mantener la alarma, un cambio de la situación política en el país. Ningún gobierno puede reposar sobre tan desdorosa base, y el gobierno nacional abdicaría todo sentimiento de deber y de honor si consintiese en que por ahorrar sacrificios, prevaleciese ese sistema de irrupciones a las otras provincias, acaudilladas por el primero que lo intente.

"Seguro de que Ud. no tiene de qué quejarse del gobierno de San Juan, que ningún mal le ha inferido ni exigido nada de Ud., tengo el honor de sucribirme su S.S. -

Domigno F. Sarmiento."

La dignidad del gobierno estaba por lo menos salvada, y siempre es bueno poder decir: todo se ha perdido menos el honor.

El Chacho en San Juan

Habíase mandado en comisión a Buenos Aires al jefe de policía para resolver los reparos que la contaduría pudiera hacer a las cuentas de las sumas gastadas en la guerra y anticipadas por el gobierno provincial al nacional. Su inteligencia y probidad, el ser primo carnal de uno de los ministros, circunstancia atendible para ser oído con simpatía, y el haber sido encargado de recibir y entregar caballos, mulas y ganados, lo que constituía el principal ítem de la deuda, hacía de este individuo el más adecuado para llenar su misión. Llegaba, en efecto, a tiempo de que la contaduría volvía las cuentas con numerosos reparos, concentrados en un largo informe en que se suponía existentes en San Juan numerosas partidas de animales; pero habiendo el señor Rojo presentado los recibos de los jefes del ejército y otros comprobantes, la contaduría declaró en nuevo informe que las cuentas de San Juan estaban comprobadas con superabundancia, aconsejando su pago. Para no volver más sobre este asunto, añadiremos que después de concluida la guerra, por un deplorable olvido de lo obrado, se dirigió una nota en nombre del presidente, *extrañando* que no hubiese en San Juan caballos de propiedad nacional.

Pero del viaje del jefe de policía a Buenos Aires queda otro documento que muestra las impresiones de entonces, aun después de hablar con los ministros. El 25 de octubre escribía don Camilo Rojo desde Buenos Aires al gobernador de San Juan: "He recibido sus cartas del 24 y 30 del pasado. Por cuanto en ellas me dice, comprendo perfectamente cuál es la situación de San Juan. No puede ser peor, sobre todo desde que el egoísmo se atrinchera en las decantadas garantías constitucionales, y son muy capaces de que con ellas den al Chacho la provincia y la misma constitución, para que él las interprete como sabe hacerlo. Todo ello es lamentable, y Ud. sabrá dejar a un lado las mezquindades de los constitucionalistas de nuevo cuño, y salvarlos, para que vean que con la constitución escrita no se defienden las garantías y el honor de los pueblos. Se necesitan ganados, caballos y otros elementos de guerra, y esos que se esconden detrás de las doctrinas constitucionales, deben salir los primeros. Esta será siempre la manera de hacerse acreedor a pedir, en estado normal, el respeto y privilegios que la constitución acuerda a los ciudadanos y la propiedad."

El general Paunero, en carta del 14 de octubre, como si en todas partes se presintiesen los estragos que estaba produciendo la circular, y más el folleto despiadado que la confirmaba dos meses más tarde, escribía desde Córdoba: "No creo que ante la inminencia del peligro los sanjuaninos se dejen saquear *incondicionalmente* por el Chacho, por no dar a Ud. todos los recursos del modo más *constitucional* posible; pero si dan lugar a que aquello suceda, que con su pan se lo coman. Mas, la historia y la República le harán a Ud. un cargo tremendo por no haber salvado a San Juan por salvar las formas... ¡El unitario!"

El lector necesita un antecedente para comprender este cargo de unitario. En la *Vida de Quiroga,* de que es complemente este último episodio de la montonera, el autor había hecho el retrato político del antiguo unitario, cuyos rasgos describía así: "El antiguo partidario unitario, como el de la Gironda, sucumbió hace muchos años. Pero en medio de sus desaciertos y de sus ilusiones fantásticas, tenía tanto de noble y de grande que la generación que le sucede le debe los más pomposos honores fúnebres.

"Me parece que entre cien argentinos reunidos yo diría: éste es unitario. El unitario tipo marcha erguido, la cabeza alta; no da vuelta aunque sienta desplomarse un edificio; tiene ideas fijas, invariables; y a la víspera de una batalla se ocupará *todavía de discu-*

tir en toda forma un reglamento, o de establecer una nueva formalidad legal ; porque las fórmulas legales son el culto exterior que rinde a sus ídolos, la *constitución, las garantías individuales...* Es imposible imaginarse una generación mas razonadora, más *deductiva,* y que haya carecido en más alto grado del *sentido práctico*. "

¿Era por ventura el que había escrito veinte años antes esto, quien estaba estableciendo en circulares y folletos nuevas fórmulas legales a favor de las garantías individuales? ¿Era él quien carecía de sentido práctico? Lejos de eso, apenas vio que el gobierno nacional insistía en su inoportuna idea, tragándose sus razones, que las tenía muy buenas, salió por donde le permitieron escurrirse, ahorrando al país un feo espectáculo, como sería el de dos funcionarios empleando las formas oficiales para lucir sus habilidades y ciencia, con detrimento de la autoridad que investían. Hizo más, y fue alentar a otros gobiernos a soportar la desairada situación que se les hacía, y sacrificarlo todo en aras del deber. El 31 de agosto escribía al gobernador de Mendoza: "He recibido su estimable del 28, anunciándome los esfuerzos que hace para responder a las exigencias de la situación. Grima da ver al gobierno nacional, como unos chiquillos, metiendo bulla con el estado de sitio, mientras que nos deja aquí en las astas del toro, esperando nuestros actos y sacrificios para aprobarlos y desaprobarlos. Y sin embargo, necesitamos ser superiores a todo, o reventar. Le aplaudo su ecuanimidad y su resignación. Es imposible que la República toda no le haga justicia y a mí también.

"Por la nota que adjunto al comandante Segovia, verá la situación crítica en que supongo al coronel Arredondo; y si Ud. recuerda el trabajo que nos ha dado la reacción, batida en todas partes, imagínese lo que sucederá si obtiene una ventaja sobre el ejército de línea, que es el único freno que la contiene. Si Arredondo es vencido por falta de caballería, los progresos de la montonera serán incontrastables."

Pero mucho antes de llegar las dos primeras cartas en que se empujaba al gobernador de San Juan a dar coces contra el aguijón, había éste convocado a los principales capitalistas y ciudadanos influyentes, para exponerles la situación y la necesidad de conjurarla por un último y supremo esfuerzo. El mal era irreparable sin embargo. El pueblo estaba agotado de recursos, ya cansado de guerra que todos los días se daba por terminada para principiar de nuevo y exigir nuevos sacrificios, y las circulares habían destruido en el gobierno toda autoridad, en el gobernador toda influencia y respeto. Era aquél una nave sin gobierno; a éste se le podían ver bajo la banda celeste, las impresiones del látigo de la polémica que había humillado su suficiencia. Su voz al dirigirse a aquella asamblea había perdido la vibrante energía que da la convicción y el derecho. Ahora hablaba como un amigo a otro, con la desconfianza de quien está leyendo en los semblantes la réplica y la incredulidad.

Expuso, sin embargo, el objeto de la convocación: Peñalosa estaba interpuesto entre San Juan y el coronel Arredondo; a pie éste, sin poder moverse. Esperaba mandarle unos pocos caballos de Jáchal y quizá le llegarían más de Mendoza; pero no había momento seguro mientras tanto; el cura actual del Valle Fértil, les diría lo que había oído al Chacho en persona, cuando con imponente fuerza había tomado aquella villa; podía el gobernador defender la ciudad con infantería hasta esperar auxilios de afuera; pero no podía salvar los departamentos rurales por falta de caballería; y un día sólo que fuesen ocupados por la montonera, medio millón de pesos costarían las devastaciones, y la guerra se prolongaría indefinidamente con los recursos y hombres que allí tomarían; no había esperanzas de socorro de afuera, habiendo agotado todos los esfuerzos para procurarlos, y era preciso improvisar medios propios de defensa. Pedía, pues, no al patriotismo sino al interés de cada uno, un empréstito para levantar soldados, pagar los pocos en actual servicio y salvar las propiedades.

Nombráronse comisiones, propusiéronse expedientes, indicóse un empréstito de treinta mil pesos garantido por el tesoro nacional y a más por la provincia; hubo reuniones tres días consecutivos; bajó el empréstito a diecisiete mil; discutióse de nuevo y bajó últimamente a siete, lo que el gobernador aceptaba, recordándoles lo de las caperuzas del sastre de Don Quijote, por cuyo sistema podría hacer una *defensita,* decía, de valor de mil pesos. Convenido en siete mil al cobrarlos, algunos se negaron a entregar sus cuotas, y todo quedó en nada. ¡No había gobierno!

¿Era éste el caso de seguir las indicaciones del general Paunero, o del señor Rojo, de tomar los recursos donde los hallase y salvar al país? Pero el gobierno nacional en su segundo escrito había establecido que los *damnificados* podían entablar demanda ante juez, y recuperar con costas lo tomado. Si el Chacho no venía, el gobierno nacional protestaba la deuda hija del miedo ridículo, y el juez la mandaba pagar al que la contrajo.

El 12 de octubre, antes de cruzar los brazos y confiar exclusivamente en la Providencia, comunicando al de Mendoza las últimas noticias recibidas, decía: "Una batalla en Patquia que está a sesenta leguas de San Juan, tendrá lugar en dos o tres días de la fecha... Sería, pues, en buena estrategia, llegado el caso de hacer avanzar el regimiento de línea hasta San Juan y en último caso *hasta Jocoli siquiera,* en donde estaría en franquía al primer aviso..."

Era lo que ya había aconsejado, aproximar a las lagunas el mismo regimiento en vida de Sandes, cuando Arredondo marchaba a Mendoza y debía librarse batalla a Clavero. Como es prohibido avanzar sin dejarse retirada, nunca debe contarse con la victoria para la continuación de la resistencia. Si Arredondo era vencido o paralizado en los Llanos, San Juan caía en manos del Chacho, y la guerra continuaba sin término probable.

Una esperanza brilló al fin. El gobierno de Mendoza anunció que el 20 de octubre salían de Mendoza los quinientos caballos pedidos para el coronel Arredondo, convoyados por 140 hombres, mitad de línea, al mando del mayor Irrazábal. Hasta el oficial elegido era de buen agüero. En San Juan se prepararon herraduras y herradores, y llegados en efecto el 24, se encontró que la mayor parte no venía en estado de emprender campaña tan larga; pero reemplazando los de servicio de la tropa con mulas, y dándose maña, el 28 estaban al extremo opuesto de la población, prontos a entrar en el desierto, con noventa infantes de línea que se mandaban de refuerzo para la custodia de los caballos de que dependía la seguridad de San Juan, y la movilización de la división del coronel Arredondo a retaguardia del Chacho. Por entonces debían haber salido también de Jáchal doscientos caballos, con buena escolta, que por otra vía tentarían a abrirse paso y llegar al ejército en campaña.

En el campo enemigo había ocurrido esos días una escena que por singular y característica merece recordarse. Debía tener el Chacho más de sesenta y seis años a la sazón. Su asombrosa facultad de burlar al enemigo, trasladándose a distancias inconcebibles y nunca presentidas, no ocultaba a sus secuaces su constante mala suerte en los encuentros con quien lograba salirle al paso. Un millar de ellos por lo menos habían perecido en las derrotas, porque los heridos gravemente, abandonados a la naturaleza, contaban entre los muertos. En el campo del viejo Néstor había también jóvenes Aquiles que fascinaban a la turba con su valor y energía. El mayor Irrazábal, que en Punta del Agua iba lanceando prófugos, llevaba cerca de Ontivero, a quien le oía decir con voz entera: "un oficial viene cerca, levante los caballos, no dejen el camino"; y otras frases de consejo y mando para escapar al peligro. Estaba casado en una toldería de indios de la pampa, y este emparentamiento con las tribus salvajes, da siempre prestigio de valor. Los Saa habían hecho su carrera en las indiadas, y sin más caudal uno llegó a ser brigadier general de la Confederación en un año de atentados. Ontivero tenía su política también, que oponía a la mansedumbre del Chacho, pedía degüellos, confiscaciones para remontar, decía, el partido como en los buenos tiempos de Rosas. Una fracción de la montonera compuesta de cuatreros de San Juan, Córdoba, San Luis y oficiales de Benavides y perseguidos de la justicia, obedecía sus órdenes, y de la escasa infantería íbase haciendo un pedestal de poder.

Las murmuraciones que excitaban tan largos padecimientos y tantas fatigas, iban creando una oposición en el seno de la montonera; y cuando Ontivero creyó llegado el momento, se presentó osadamente con un revólver en el rancho en que estaba el Chacho, a echarle en cara su incapacidad de dirigir operaciones, su política tímida y la necesidad de un cambio, o de lo contrario no seguirían más a sus órdenes. El Chacho, sin perder su serenidad, no se dejó intimidar un momento, y a su vez enrostró a Ontivero sus *barbaridades,* las contribuciones que había arrancado a vecinos pacíficos en los Llanos, y las maldades y violencias que los deshonraban a todos. La contienda se fue encendiendo, pues éste era el punto principal del litigio. Ontivero quería que no hubiese vecinos pacíficos sin ser por esto sólo enemigos y tratados como tales; era necesario hacerse temer y así sacarían recursos como Quiroga. Un rasgo de ironía del Chacho, con su golpeado acento, daba sabor acre a la disputa. "Si es tan guapo, le decía el Chacho, ¿por qué corrió en Punta del Agua? No dirá que yo tuve la culpa. Si es tan guapo, amigo, ¿por qué no va a buscar a Arredondo que está a pie en La Rioja? Si es tan guapo, vaya pues a San Juan donde gobierna un *dotor* . ¿Por qué no va pues? ¡Qué ha *dir,* amigo!" Pero el Chacho se sentía atacado en su autoridad de patriarca autócrata, y por la primera vez sometidos a discusión sus actos; y viéndose apostrofado, y desconocida aquélla, enderezó, siempre hablando, hacia donde estaba su caballo, y echándose encima con el desgarbo que es de buen tono entre los gauchos, dijo: "A lo que estoy viendo, yo estoy por demás aquí y no quiero ser estorbo para otros mejores que yo"; con lo que animó su caballo por la senda que por delante tenía, y siguió sin ostentación y sin prisa hacia su casa. Muchas veces se ha repetido esta escena en la historia. ¡San Martín en Lima!

La muchedumbre, atraída por las voces, viendo a su antiguo jefe alejarse, movida por sus razones, y por escena tan torpe, fue requiriendo los caballos, y uno en pos de otro siguiéndolo por la estrecha senda a paso lento. El movimiento se comunicó a todo el campo: la infantería pidió seguirlo, y Ontivero se encontró al fin solo, con unos cuantos pícaros de su parcialidad. La autoridad estaba restablecida, y el Chacho vuelto a su acostumbrada tranquilidad de ánimo. Al día siguiente Ontivero se presentó al Chacho y en sentidas palabras le mostró su arrepentimiento, con lo que la concordia se restableció entre los capitanes y sólo se trató ya de salir de tan prolongada inacción.

El 29 de octubre por la mañana, reanudemos el hilo de los sucesos, un paisano pidió permiso para hablar con el gobernador de San Juan; dijo ser soldado de la división del coronel Arredondo, haber caído prisionero de la montonera, servido en ella unos días, hallándose en un ataque en que trataron en vano de arrebatar la caballada que le iba de Jáchal. –¿Llegó la caballada? ¡Estamos salvados!, fue la interrupción del gobernador.

El paisano argentino tiene, porque el árabe su abuelo es vivaz, la compostura y calma imperturbable del indio cuando habla. Su gala es no mostrar señales de emoción o interés. –Pero otra noticia vengo a darle, continuó el paisano, reanudando su historia interrumpida: hallábamanos en Valle Fértil cuando se recibió orden del general Peñalosa de marchar con la gente que allí había y alcanzarlo en los Papagayos, camino de San Juan... –¡Qué!... –Y todos marcharon con Agüero... –¿Pero por las fisonomías creyó Ud. que esto era de veras? –De veras, señor. –¿Y cuándo debe llegar entonces? –Ha debido llegar ayer, o estar llegando hoy...

Estábanse dando órdenes a los comandantes de una fuerza de ochenta hombres de avanzada en Angaco, y se buscaba al comandante de cincuenta Guías, situado en Caucete, y entonces sin licencia en la ciudad, cuando la emoción del jefe de policía que llegaba apresurado, hizo anticipar la afirmación y la pregunta: ¡El Chacho!, ¿dónde? –En Caucete. –¿Quién lo dice? –El juez de paz a quien vienen corriendo... –¡Vuele y haga disparar dos cañonazos de alarma y tocar a rebato! –No hay tiempo. –¡Al oficial de guardia de rifleros, al paso, que corra con los soldados que tenga y se meta en el cuartel de San Clemente!

Los minutos necesarios para requerir caballo y armas bastaron para llegar al cuartel al mismo tiempo que los cincuenta rifleros. La artillería, parque y armamento, estaban salvados a lo menos.

Por todas las calles corrían al llamado soldados y oficiales de guardia nacional al cuartel, y en media hora doscientos, en una trescientos infantes, respondían ya de la ciudad. El Chacho ni sus avanzadas se acercaban todavía.

La Providencia, que se burla de las combinaciones de la previsión humana, o se compadece de la suerte de los pueblos víctimas del error de sus mandones, había hecho una de las suyas cuando no pone su visto bueno para castigo. El vecino que debía proveer de ganado para la marcha al convoy de la caballada habíalo dado de reses flacas, y el mayor Irrazábal detenídose a cambiarlas por mejores. Sin este accidente trivial, a esa hora habría desde el día anterior estado a veinte leguas y necesitado deshacerlas para regresar. Estaba, pues, a seis leguas del enemigo. La provincia estaba salva si sólo sabían los hombres aprovechar de esta muda y clemente indicación de la Providencia. Al mayor Irrazábal se le despachó a la Punta del Monte la orden siguiente: "San Juan, octubre 30. Acaba de tenerse noticia que las fuerzas que se han introducido en el departamento de Caucete constan de cuatrocientos hombres (siguieron llegando todo el día). En este concepto hará Ud. todo lo posible por caerles encima por la Puntilla de Caucete, y en caso de no poderlo hacer así, tomará Ud. el paso del Alto de Sierra (en frente de la dicha Puntilla) por donde se vendrá Ud. a esta ciudad."

Era preciso en el entretanto combatir el pánico con la aparente calma y con el movimiento de aprestos. A un viejo militar que sugería avanzar, como era del caso, dos piezas de artillería a la próxima calle ancha, el gobernador mostrándole el puño cerrado, le dijo: —¿Comprende, mi coronel, este plan de operaciones? ¡Los cañones aquí! Defiendo el cuartel y defenderé lo más que pueda hasta donde dé la cuerda y nada más. Necesito un punto fuerte para resistir hasta que llegue el Regimiento de Mendoza que ya pido, o Arredondo que ya tiene caballos. Los que no quisieron prepararse, sufrirán en los departamentos lo que Dios les tenga preparado. Yo no respondo por ahora sino de este cuartel.

La artillería estuvo luego en posiciones al frente; la infantería recibió municiones y fusiles flamantes; trescientas cabezas de ganado fueron traídas al cuartel, y cuatro horas después cuatrocientos infantes tranquilos, llenos de confianza, sin entusiasmo ni algazara, con cuatro piezas de artillería y cien hombres a caballo, podían responder de la seguridad de la ciudad y los suburbios rurales a una legua en rededor.

Caucete está a cuatro exactas de la plaza de armas, mediando un río y dos leguas de campo salitroso. Un vigía colocado con anteojo en una de las torres de la Catedral pudo pasar cada media hora parte sin novedad por aquel lado. El mayor Irrazábal había acusado recibo de la orden; y más tarde, de hallarse en movimiento en busca del enemigo seis leguas a su retaguardia. ¿Qué se aventuraba en caso de mal éxito?

Los noventa infantes de línea podían echarse al río y con la noche cubrir su retirada a la ciudad. De la caballería, ciento veinte milicianos se dispersarían, y los setenta y cinco de línea, dejando algunos muertos, se retirarían formados con su jefe. ¿Qué se ganaba si el golpe salía bien? Salvar medio millón de propiedades saqueadas, ganados, caballos, mulas, en Caucete, Angaco, Albardón; estorbar el levantamiento de mil parciales de la montonera: evitar que proveyéndose ésta de medios de movilidad, prolongase la guerra seis meses con ventaja, Dios sabe con qué consecuencias.

A la caída del sol, con el anteojo del vigía se veía primero mucho polvo dentro de una calle de álamos, la principal de Caucete, y todo el paisaje circunvecino despejado; más tarde, unas líneas tenues a guisa de celajes en el médano pálido que se divisa más lejos sobre la faja verdinegra de las bellas plantaciones de Caucete y a la falda del Pie de Palo. ¿Serán derrotados? —Nuestros no, porque los polvos vendrían hacia el río. El crepúsculo enturbió aquellas fugaces imágenes; y luego la noche hizo caer lentamente su negro telón sobre el proscenio donde acaso se estaba jugando la suerte de la República, ante dos espectadores silenciosos y preocupados que trataban de adivinar desde una torre por platea, lo que representaban en aquel lejano teatro. ¿Una tragedia? La noche avanzaba en silencio. Los fuegos de los vivaques en la Plaza de Armas en que estaba la pequeña pero robusta fuerza, dejaban ver caras serenas y varoniles. En el cuartel un estado mayor de oficiales y empleados civiles, trataba de interrumpir el silencio que a cada rato se hacía, especie de sueño de la angustia. Uno dijo: les contaré a ustedes un cuento. Un viajero inglés se había internado en los bosques de la India, y llevado del ardor de la caza, olvidóse de las horas. La noche lo sorprendió, y hubo de asilarse en un *bungalow* ; rancho construido ex profeso para refugio contra las fieras, que pululan en aquellas selvas. No bien entraba cuando un enorme tigre de Bengala que lo había olfateado, bramó a cierta distancia, y llegó a poco a la puerta del *bungalow* ; pero como por la oscuridad no se atreviese a entrar, acostóse gruñendo y azotándose los flancos con la cola. Y mi inglés y el tigre pasaron así la noche contemplándose el uno al otro. Ya se puede calcular quién a quién se la juraba para cuando amaneciese el día siguiente. El pobre inglés se echó en brazos de la muerte; pero como no es posible estarse muriendo de miedo toda una noche sin descansar un rato, el inglés empezó al fin a sacar cuentas a solas. Primero se acordó de sus caballos y perros, después de su familia, y en seguida de la Inglaterra, porque era muy amante de su país que acaso no volvería a ver; en seguida recordó los peligros de que había milagrosamente escapado en doce años de viajes, cuatro naufragios, dejado por muerto por los beduinos, y cien percances más; y luego el cuerpo es una filigrana que uno no sabe cómo vive, con mil reflexiones más o menos filosóficas que lo llevaron a la conclusión de que es más difícil morir que lo que muchos se imaginan; luego, se dijo, de alguna manera habré de salir del aprieto. Ya empezaba a aclarar y el tigre a menear la cola y a relamerse los bigotes, cuando el inglés creyó oír a lo lejos ladridos de perros. El tigre echó una mirada de soslayo hacia donde se oía el ruido, y el inglés se le rió en sus barbas diciendo para su coleto: era seguro, de alguna manera se salva uno. Esta es la moral del cuento: ¡escuchen por si ladra algún perro! Entraba a la sazón un comandante que depositó con precaución al oído del jefe esta frase: ¡un derrotado que llega!

Examinado aparte, dijo que se habían batido en Caucete y sido derrotados. –¿Y el mayor Irrazábal? –No lo vi en la confusión.

Dos derrotados más, un oficial. Interrogado éste dio mejores detalles, sin saber más del paradero del mayor.

Un soldado de línea, herido; un sargento de línea; tres más de línea, heridos; siete por todos. ¡Estábamos frescos! Teníamos en heridos la décima parte de la tropa de línea, y si había tantos muertos y otros tantos dispersos, había un tercio fuera de combate. Tiempo era de pasar oficio a Mendoza sobre lo ocurrido pidiendo que acelerasen la marcha, y avisar por vía que se les indicaba el día que estarían en tal punto, para hacer una salida con la infantería. ¡Oh, si hubieran avanzado siquiera hasta Jocolí cuando se les previno! El chasque a la puerta, la nota lacrada, todo quedó ahí, porque heridos y sargento decían que después de un terrible encuentro a pie firme donde ellos quedaron, el mayor seguía adelante con una *poquita* gente y se perdió en la nube de polvo.

Una disputa se oía en la cuadra vecina. –¡Aunque sea oficial miente! –Yo he salido después que se ha acabado todo. –Yo llevé la infantería. –Hemos triunfado. ¿Ladraban al fin los perros? Era el ayudante don Ignacio Sarmiento, vecino de Caucete, que había sido sorprendido allí por la entrada de la montonera, tenido tiempo de despachar su familia, y escondídose en los montes para saber la verdad y traer noticias. Viendo desde su escondite pasar al mayor Irrazábal, se le incorporó, asistió al combate, trasladó a su casa los heridos, y aconsejó, volviendo atrás, al capitán de infantería que se mantenía en la calle por falta de órdenes, montar en sus mulas la tropa e ir al alcance de Irrazábal que con sólo setenta hombres iba arrollando una montonera de ochocientos. A tiempo llegó la infantería de que la montonera avergonzada de huir delante de aquel puñado de valientes, se rehacía y presentaba de nuevo batalla. ¡La infantería echó pie a tierra, tendió una guerrilla, el sol se entraba a la sazón, y la montonera dando la espalda, enderezó los caballos al desierto, sin haber comido ese día, muerta de sed y de fatiga, y sin dormir dos!

Las campanas anunciaron al pueblo tan fausta nueva a las once de la noche, el parte escrito se recibió a las dos de la mañana, se transcribió a Mendoza para que no hiciesen tarde lo que debió hacerse dez días antes, y todos reposaron de un día de labor, sobresalto, y emociones comprimidas.

En el parte del encuentro de Caucete se recomendaba al mayor Irrazábal en estos términos: "Hoy que sabemos que Peñalosa al frente de 1.200 hombres perfectamente montados, y con el desierto y la desesperación a la espalda, no ha podido resistir al mayor Irrazábal que lo combatía con ciento treinta hombres en definitiva... S. E. comprenderá que este hecho de armas coloca al mayor Irrazábal y los valientes que lo acompañaron en el rango de los héroes. Río Bamba con Lavalle, o Angaco con Acha, sólo pueden presentar hazañas de este género". Y al mayor: "Al darle la orden a las nueve y media de la mañana del día de ayer, de caer sobre el enemigo, sabiendo la pequeña fuerza con que Ud. contaba, y no pudiendo hasta esa hora conocer con certidumbre la del enemigo, estaba seguro de las vigorosas manos a que encomendaba la suerte de la provincia. El infrascrito se complace en tributar a su valor personal y pericia militar el homenaje de la gratitud de un pueblo, recordándole que fue el jefe que le acompañó en 1861, en la expedición a San Juan, que vio en Ud. y sus treinta soldados, las primeras avanzadas del ejército libertador".

Las cosas como son

Tres días después de esta noche angustiosa, el gobernador de San Juan dejaba la procesión religiosa que bendecía el nuevo cementerio del día de ánimas, para trasladarse a Caucete a dar un abrazo al coronel Arredondo, que si bien llegaba dos días después de terminado todo, había encontrado la montonera en fuga y héchole ciento y tantos prisioneros. "¡Por salvarlo coronel, le dijo, he salvado a San Juan y me he salvado yo! ¡Qué día el 29!". El coronel Arredondo, poniéndole una mano sobre el hombro, le replicó: "¡Pero fue un solo día! Imagínese lo que serían para mí cinco mortales, tirado en el campo, con mi división a pie, y apenas me llegan sus caballos y los que mandaban de Chilecito y salgo en busca del Chacho, sé por las mujeres y los licenciados, que me llevaba dos días adelante a San Juan. ¡No he dormido ni comido de aflicción temiendo lo que habría sucedido, hasta que divisando la montonera de regreso, comprendí que había sido derrotado sin poder atinar cómo ni con qué fuerzas!"

Habíase ya recibido la carta que desde Malazán había escrito el coronel avisando el recibo de los caballos con fecha 24; y como el general en jefe escribiese de Córdoba el 14, ambas cartas llegaron casi a un tiempo, un día después de derrotado el Chacho. Copiamos lo que la una responde a la otra, como si hubiese sido la del general escrita al coronel:

"*Córdoba, 14 de octubre*. .

Sobre su opinión (la del gobernador) de que es inminente un ataque del Chacho a San Juan, ya he mostrado a Ud. la mía con repetición, antes y después de haber pasado por aquí don Camilo Rojo, aceptando la posibilidad, pero rechazando la idea de que pueda pose-sionarse de esa provincia, pues que no se me ocurre que pueda derrotar al coronel Arredondo, aun en el caso de no haber recibido refuerzos eficaces de Catamarca, que tengo aviso de haber recibido."

"Malazán octubre 24.
-Hace cinco días que me encuentro en este lugar *donde he llegado a pie*, por habérseme concluido los malos caballos que saqué de La Rioja. El gobernador de Catamarca a quien pedí comprarme doscientos, no sólo no me mandó uno solo, sino que hizo venir la tropa del comandante Córdoba en caballos flacos y sin herrar, diciendo que en los Llanos engordarían, y que era inoficioso herrarlos. De los cien hombres de Córdoba se han ido más de la mitad. El resto es de tucumanos, también mal montados, pues son los mismos caballos que sacaron de Tucumán.
"Hoy he tenido una gran alta de caballos y de mulas. El coronel Linares, de Chilecito, me ha mandado ciento setenta y cinco entre caballos y mulas, y el comandante Vera me trae otros tantos de los que me manda Ud. de Jáchal, que aunque no tan buenos están en buen estado.
"Mañana o a más tardar pasado mañana (el 26) me pondré en marcha en busca de Peñalosa que se halla en Atiles muy mal de caballos, desmoralizado y con quinientos hombres. Pocos días más y tendré la satisfacción de anunciarle un triunfo. Conseguido esto le remitiré los rifleros, y la caballería de San Juan, que irán aunque sucios y rotos, cubiertos de gloria en la campaña de seis meses en que no han recibido un cobre de la Nación... teniendo presente que San Juan no sólo ha puesto sus hombres y sus pesos, sino también cuanto animal útil había en su territorio. -

Arredondo."

No habiéndose perseguido al enemigo derrotado en Caucete por acabar el combate de noche, y ser espantoso el desierto de sesenta leguas que media hasta los Llanos, puesto ya el mayor Irrazábal a las órdenes del coronel Arredondo, dispuso éste que al frente de cuatrocientos hombres perfectamente montados a mula y con caballos de tiro herrados y escogidos, se lanzase sobre los Llanos en busca del Chacho para acabar con la montonera. Con tal rapidez se ejecutó la operación, que el Chacho en Olta, a donde había ido a tirar la rienda, poniendo tres sierras de por medio, recibió la noticia primera por la partida que lo rodeaba en su campamento. –Son de Arredondo los soldados, dijo al ver infantes a caballo. –Es mi tío Vera, contestóle un muchacho que tenía a su lado. Lograron escapar algunos cabecillas que lo acompañaban; él no hizo resistencia y se entregó.

Para llegar a Olta, pequeña y miserable aldea, es preciso descender de la sierra que divide la costa Baja de la del Medio, por una empinada cuchilla, cuyas vueltas y revueltas invierten más de una hora. Desde las puertas de los ranchos se ven descender o subir lentamente los viajeros, y esta circunstancia hacía a Olta muy seguro lugar de refugio. Pero ese día Dios descargaba una lluvia harto deseada para los sedientos campos, y nadie vio descender ni aproximarse a los primeros cincuenta hombres, cuya presencia sorprendió a todos y al Chacho, que descansaba tranquilo, acaso rumiando nuevos planes. Llegado el mayor Irrazábal, mandó ejecutarlo en el acto y clavar su cabeza en un poste, como es de forma en la ejecución de salteadores, puesto en medio de la plaza de Olta, donde quedó por ocho días.

Al huir de Caucete, Ontivero tomó con un grupo de sus parciales el camino de las Lagunas, en el que robaron una tropa, y se dirigió a San Luis, adonde se hallaba por segunda vez el general Paunero, acaso a fin de colocarse en posición conveniente para dirigir la guerra. Creyendo que aquel grupo era todavía un núcleo persistente de montonera, pidió a Mendoza el regimiento de línea. Regresado éste a Mendoza, con la dispersión de los grupos, un mes después apareció una indiada al frente del Fuerte Mercedes al sur de San Luis, acaudillada por Ontivero, que volvía por este medio atroz a probar fortuna. Habiéndose acercado a la débil trinchera con ánimo de reconocerla, un francés, se dice, le puso una bala en la frente y lo dejó tendido. Los indios amedrentados volvieron bridas hacia sus toldos, terminando con un tiro y un muerto esta última intentona de aquel bandido.

Así acabaron su existencia el Chacho y Ontivero, y así desapareció batida, escarmentada y destruida, la montonera de los Llanos, que principió con Quiroga en 1826 y continuó sus depredaciones con el Chacho hasta 1863. Si la guerra civil ha de encender en adelante sus teas en la República Argentina no será ya en Atiles, en Santa Fe, o arroyo de la China, donde se alzará el pendón de la rebelión de paisanos de a caballo. Como elemento de guerra acabó por ser impotente, y la derrota en Pavón de sus representantes políticos, o en Caucete de su núcleo primitivo, ha puesto fin al movimiento. El ferrocarril transformará la pampa dentro de poco, y los recuerdos de sus escenas y sus héroes quedarán mejor que en las novelas de Cooper, en tipos reales y en leyendas populares.

Pero la montonera sucumbió en Caucete ante la completa rehabilitación de la caballería regular que, con Irrazábal, aquel día tocaba a su apogeo de consistencia y empuje, acometiendo sin vacilar fuerza numérica infinitamente superior, pugnando sin desconcertarse hasta vencer la resistencia y dar la victoria. Desde el 2° de coraceros, último cuerpo de caballería que quedó organizado después de la guerra del Brasil, no se había repetido lo que con aquel cuerpo era frecuente, a saber, mandar una mitad de caballería a disipar un grupo de montonera, sin contar su número, y conseguirlo siempre.

El hecho de armas de Caucete era, pues, lo que los franceses llaman una acción *d'etat,* y su ejecutor acreedor a la distinción que en todos los ejércitos se concede a estos rasgos de valor; pues que en Irrazábal no era sólo digno de premio el empuje mecánico de su regimiento, sino el acometer sin vacilar la empresa, pues desde que recibió la orden de contramarchar, sabía que se le encargaba hacer algo más que medirse con fuerzas iguales. Así fue recomendado en el parte en que su jefe accidental daba cuenta al general del ejército, y así estaban obligados a estimarlo.

Acaso por un error involuntario, se cometió entonces un equívoco de palabras que oscureció una parte de la verdad de los hechos. El triunfo de Caucete, que acababa con una guerra tan obstinada, no era simplemente el resultado del encuentro material de dos fuerzas de caballería. Al darse parte al Presidente se hacía aparecer al mayor Irrazábal como jefe que obra de su propia cuenta, y a los gobernadores de San Juan y Mendoza como simples órganos para trasmitir la noticia. El parte de Irrazábal al gobernador de San Juan, sin embargo, principiaba diciendo: "Inmediatamente de recibir sus órdenes me puse en marcha desde la Punta del Monte"; y ese gobernador era un coronel del ejército que al dar la orden a un jefe de vanguardia, estaba con la espada al cinto al mando de una división de las tres armas. Ni casual era la presencia de un escuadrón de línea en San Juan, sino resultado de anteriores planes de guerra, fundados en práctica y conocimiento de las necesidades de la campaña. (3)

Con Irrazábal triunfaba su jefe accidental no sólo del Chacho, sino de las resistencias que había encontrado para hacer prevalecer su plan de operaciones, que consistía en movilizar a Arredondo inutilizado en La Rioja, y en lugar de darle milicia de caballería sin caballos, avanzar de Mendoza un piquete de línea. No creer que pudiesen ser dispersadas por la montonera en La Rioja otras montoneras de caballería catamarqueña o sanjuanina, era tener muy mala memoria los que habían visto correr tres mil hombres en Cepeda y ocho mil en Pavón; era olvidarse de lo que estaban cansados de oírle al general Paz, que por falta de 500 hombres de línea no se constituyó la República en 1831. Si no es de línea la mitad del escuadrón de Irrazábal, y acaso si no es él quien lo manda, por serle conocidas a su jefe sus cualidades, no hay combate de Caucete, y el Chacho pasa a Jáchal cuando Arredondo hubiese llegado a pie por las peñas, y levanta dos mil hombres y se provee de seis mil caballos, que eran la última parada en aquel juego. En toda la campaña han debido destruirse más de diez mil, y éstos destruidos, no había reemplazo fácil. La montonera ha muerto ante su mortal enemigo, la razón ilustrada por el conocimiento de sus calidades y de sus defectos, y la caballería

3. *"Córdoba, setiembre 28. Por lo que a mí respecta, en lo que puedo alcanzar a esa inmensa distancia, me es muy agradable decirle que según lo acordado con Rojo, (el comisionado de San Juan) ordeno a Segovia que disponga inmediatamente la marcha de 150 hombres de caballería, entre ellos la mitad de línea, todo a la orden del mayor Irrazábal, y tomando 500 ó 600 caballos, haga usted marchar a reforzar y remontar a Arredondo. - Paunero."*

de línea.

La circular despojando a los gobernadores de las facultades inherentes al gobierno para sofocar insurrecciones, merecía también una medalla. Sin su acción desmoralizadora, no habría habido en San Juan un osado que diese ganado hético para alimento de los soldados; y a la demora de un día para cambiarlo, se debió la salvación de San Juan. *A quelque chose malheur est bon!*

La Legislatura de San Juan decretó al mayor Irrazábal una espada de honor, y al Regimiento N° 1 un estandarte con cuatro medallones de sus cuatro encuentros con la montonera, los nombres inscriptos entre laureles de oro.

Una orden del día del ejército vituperó, sin embargo, en el mayor Irrazábal la ejecución sin formas del Chacho, y todo quedó por entonces dicho. ¿Había justicia en esa condenación? ¿Había alguna conveniencia política? ¿No era esta orden del día prima hermana de la circular sobre el estado de sitio y de las tentativas de tratarlos con el Chacho? Este es un asunto muy grave y merece examinarse. Las instrucciones del ministro de la guerra al gobernador de San Juan, le encomendaban *castigar a los salteadores,* y los jefes de fuerzas no castigan sino por medios ejecutivos que la ley ha provisto; y cuando son *salteadores* los castigados, los ahorcan si los encuentran en el teatro de sus fechorías. La palabra *outlaw,* fuera de la ley, con que el inglés llama al bandido, contiene todo el procedimiento. Las ordenanzas lo tienen, autorizando a los comandantes de milicia a ejecutar a los salteadores. Ciertas palabras tienen valor legal.

En la carta confidencial que confirmaba y explicaba esas instrucciones, estaba más terminante el pensamiento: "Digo a Ud. en esas instrucciones que procure no comprometer al gobierno nacional en una campaña militar de operaciones, porque dados los antecedentes del país, no quiero dar a ninguna operación sobre La Rioja el carácter de guerra civil. Mi idea se resume en dos palabras, *quiero hacer en La Rioja una guerra de policía* . La Rioja se ha vuelto una cueva de ladrones que ameniza a los vecinos, y donde no hay gobierno que haga ni la policía de la provincia. Declarando *ladrones* a los montoneros sin hacerles el honor de considerarlos como partidarios políticos, ni elevar sus depredaciones al rango de reacción, lo que hay que hacer es muy sencillo".

Aquellas instrucciones se recomendaban además como muy meditadas; y en esta parte, sus disposiciones mostraban que lo habían sido. El asalto de las Lagunas y el salteo de pasajeros salidos los salteadores de los Llanos y vueltos a ellos con el botín, negándose el Chacho por un documento público a entregarlos a los tribunales que los reclamaban, lo constituían ante las leyes jefe de banda, y lo ponían fuera de la ley; pues ni el derecho de gentes concede asilo a esta clase de delincuentes que atacan a la sociedad. Cuando el coronel Sandes, sin entrar con la fuerza nacional en la usurpada jurisdicción del Chacho, le intimó entregase los reos de ese mismo atentado, y del saqueo e invasión de Río Seco y campañas de Córdoba, contestó también por escrito, que mal podía hacerlo cuando obraban Ontivero, Potrillo, Agüero, etc., por sus órdenes; y siete meses duraron las excursiones de aquellas gavillas, amenazando cuatro ciudades, apoderándose de una, y esparciendo la alarma por toda la República. ¿En qué estaba la falta del sucesor de Sandes, haciendo la policía de La Rioja, donde no había gobierno, al ejecutar al notorio jefe de bandas? ¿Cuáles son los honores de partidarios políticos que no habían de concederse a los ladrones?

Las leyes de la guerra entre dos naciones favorecen a los pueblos, cuando desconocen la autoridad de los gobiernos hasta entonces establecidos; pero esto no es sin condiciones. Esos pueblos deben para ello estar representados por gobiernos regulares, aunque revolucionarios, defendidos por ejércitos organizados, y manifestar propósitos políticos, como el deseo de independencia, la destrucción de una tiranía, etc. Cuando la sublevación no asume esta forma, el acto puede ser calificado de bullicio de ciudades o partidos, de motín militar, sedición, etc., y cada uno de estos casos tiene leyes especiales para su corrección.

El crimen de la política de Rosas que ha hecho execrable su nombre, estaba en que mantuvo veinte años la pena de muerte aplicada a prisioneros, jefes ilustres del ejército y ciudadanos pacíficos, con agravación de crueldades horribles. El partido político que combatía su tiranía salvaje, se componía de las clases cultas de la sociedad, representadas en la guerra por los más ilustres generales de la independencia. Los pueblos que resistían su usurpación de poderes, tenían gobiernos regulares, que ni revolucionarios eran, tales como la Liga del Norte, compuesta de Tucumán, Salta, Catamarca y La Rioja: la posterior de Corrientes, Entre Ríos, Córdoba las otras provincias, cuyos ejércitos de tropas regulares mandaron los generales La Madrid, Lavalle, Paz, Acha, etc. Cuando éstos fueron vencidos en las provincias, el Estado del Uruguay, nación independiente, entró en guerra con Rosas, y la guerra se hizo con esto internacional, lo que no hizo de parte de Rosas abandonar el sistema de exterminio de prisioneros de guerra y presos políticos.

El general Paz se decidió al fin en la defensa de Montevideo a usar de represalias, como se le había aconsejado en una memoria escrita, de que tuvo conocimiento el Dr. Alsina una año antes, cuando aquél mandaba las fuerzas del gobierno de Corrientes.

La persistencia misma de aquella resistencia que duró veinte años y comprometió a dos generaciones hasta derrocar al sangriento tirano, era un título y una justificación de los motivos. Los Estados Unidos, declarando rebeldes a los estados del sur en armas contra su gobierno, trataron a sus prisioneros según las prácticas del derecho de gentes entre naciones, aunque no reconociesen ni a los gobiernos ni a los generales que los sostenían.

El idioma español ha dado a los otros la palabra *guerrilla,* aplicada al partidario que hace la guerra civil, fuera de las formas, con paisanos y no con soldados, tomando a veces en sus depredaciones las apariencias y la realidad también de la banda de salteadores. La palabra argentina *montonera* corresponde perfectamente a la peninsular de *guerrilla* . El partido unitario, no teniendo a su favor los paisanos a caballo de las campañas, no tuvo sino por accidente montonera o guerrilla en su defensa. Combatía, por el contrario, a los gobiernos que la montonera había impuesto a las ciudades.

Las *guerrillas* no están todavía en las guerras civiles bajo el palio del derecho de gentes. Cuando en la de los Estados Unidos fueron rendidos los ejércitos regulares de Lee y Johnston y sometida Richmond, el gobierno dio orden a sus jefes en campaña de pasar por las armas como a salteadores, a toda *guerrilla* que persistiese en continuar la guerra de depredación o recursos por su propia cuenta, y fueron ejecutados cuantos cayeron en poder de las partidas, en el lugar de su aprehensión, y por el jefe que los tomó, como lo fue el Chacho, en las mismas condiciones, y por las mismas órdenes del gobierno, dadas desde el principio de la guerra de *policía,* sin los honores de guerra civil, castigándolos como a *salteadores* .

Y si los Estados Unidos han protestado contra el decreto del Emperador Maximiliano, que declaró *guerrillas* a los generales y partidarios mejicanos que no reconocen el imperio, es precisamente porque faltaba a la verdad de los hechos, suponiendo en el mismo decreto que el Presidente Juárez había salido del territorio mejicano, y porque los mejicanos sostienen sus instituciones antiguas y su independencia contra un gobierno nuevo y de origen extranjero, aunque algunos lo hayan reconocido. El imperio es el gobierno revolucionario y no el de Juárez.

¿Cuál era a la luz de estos principios la situación del Chacho? Jefe de *guerrilla* durante veinte años, invadiendo ciudades y poniéndolas a saco o rescate; general de la nación que no obedecía a su propio gobierno y obstruía la acción de la justicia amparando a los reos de salteo calificado, sublevado contra su propio gobierno, y esforzándose en obrar una reacción sin bandera, manifiesto ni principios. Ningún gobierno de provincia prestó su apoyo a este proyecto, sin excluir el de Córdoba, entregada momentáneamente por un motín de cuartel. Ningún general de la

República le dio su concurso, sin excluir al general Urquiza, cuyo nombre invocaba, pero de cuyo egoísmo e inacción se quejaba altamente en correspondencias interceptadas, lo que probaba que tomaba su nombre en vano. Ningún hombre notable del partido de la depuesta Confederación se adhirió a su causa, ni escritor alguno trató de darle formas. Sus jefes eran salteadores y criminales notorios, soldados o sargentos desertores, o lo más abyecto o lo más rudo de los viejos partidos personales.

Chacho, como jefe notorio de bandas de salteadores, y como *guerrilla,* haciendo la guerra por su propia cuenta, murió en guerra de policía, en donde fue aprehendido, y su cabeza puesta en un poste en el teatro de sus fechorías. Esta es la ley, y la forma tradicional de la ejecución del salteador.

Algo más justificaba aquel acto. Que no había justicia en el país en que tales cosas sucedían, lo probaban veinte años de impunidad, el tratado de 1862 como lo entendía el Chacho, y el no habérsele cerrado las puertas a un segundo, cuando sintiéndose vencido, se acogía al habitual indulto. Las sociedades humanas tienen el derecho de existir y cuando las organizaciones que establecen para castigar los crímenes son ineficaces, el pueblo suple a la falta de jueces en país despoblado. Cuando los deportados y bandidos tenían en California periodistas, jueces, empleados públicos y abogados de su banda, hallándose que la ley común no los alcanzaba, el pueblo, es decir los robados, los asesinados, sin deponer a los jueces ordinarios, organizó una justicia de conciencia y ejecutó a los audaces bandidos, sin que el Presidente de los Estados Unidos quisiese intervenir en defensa de las formas violadas. El mundo sancionó con su aprobación este acto. El *brigandaje* napolitano fue así perseguido.

El mayor Irrazábal había visto morir a su jefe a consecuencia de heridas recientes, una puñalada aleve dada en la oscuridad de la noche por asesinos que cobijaba el Chacho, y un balazo en el cuerpo, en tiempo de paz, en los Llanos, mandado por asesino que el Chacho no castigó.

Sandes, Albarracín, Salcedo, los Moral y mil muertos más, fueron vengados en Olta, y seis provincias levantaron las manos al cielo en señal de aprobación. ¿Habríanlo sido, sin la expedita ejecución militar del mayor Irrazábal?

La justicia del estado

Hemos dejado para tratar por separado un incidente de la guerra que a muy serias resoluciones dio lugar y marca con más claridad la fisonomía de la política que prevaleció. El 13 de abril fue derrotado en Mendoza Clavero, quien escapó al sur, tratando de refugiarse entre los indios. Habránse notado durante toda la lucha estas concomitancias de la montonera con los indios salvajes del desierto. Los Saa, Ontivero, son hijos adoptivos de unas tribus; Clavero se dirige a sus toldos, y por entre los claros que dejan las guarniciones de frontera, asoman siempre los indios. Asaltadas las Achiras en San Luis por una indiada, su grito de guerra mientras saquean es *viva el Chacho* ; el último acto del drama después de Caucete, es la aparición de los indios en Mercedes. La causa de estas relaciones es que entre el gaucho de a caballo y el indio de la pampa, la línea divisoria en fisonomía, hábitos e ideas es tan vaga, que no acertaría cualquiera a fijarla.

Muchos se asilan en los toldos y viven años del pillaje de las propiedades de los cristianos, adquiriendo entre los indios posición e influencia con su valor o su prudencia. Clavero vagó largo tiempo en los campos de Malargue, y al parecer desconfiando de librar su suerte a los indios. Seguíanlo cinco gauchos, y entre ellos un indio cristiano, tomado cautivo cuando niño. Este concibió la idea de entregarlo al gobierno de Mendoza, se confabuló con algunos de la partida; y al estar asando un pedazo de vaca al fuego, los conjurados se apoderaron de las armas, y ataron a Clavero, que fue conducido a Mendoza, y en San Juan recompensado el indio, aunque no con los miles que el gobierno de los Estados Unidos ofrece por la entrega de los reos. Este fue remitido a disposición del comandante general de armas de Mendoza y San Juan, y luego de saberse su captura, llegó orden del Ministerio de Guerra para que poniéndolo a disposición, éste lo sometiese a juicio.

Clavero no era ni salteador, ni encubridor, ni caudillo ni gaucho malo. Era un viejo veterano de granaderos a caballo del ejército de San Martín que a fuer de antiguo soldado y de valiente había llegado a coronel al servicio de Rosas y de la montonera. Ignorante, no más malo que los otros, había sido condenado a muerte por un consejo militar en Buenos Aires, por motín, y después perdonado. Había sido un año antes el jefe de Saa, que mandó matar al Dr. Aberastain en la calle del Pocito, yendo en marcha hacia la ciudad tropa y prisioneros escapados a la brutal matanza de la Rinconada.

Emigrado en Chile, y de acuerdo con el Chacho, pasó la cordillera por el sur para secundar el movimiento de los Llanos, sorprendió dos fuertes, allegó gentes y avanzó hasta pocas leguas de Mendoza, donde fue derrotado.

El Estado, en los crímenes que atacan su existencia, cualquiera que la forma del gobierno sea, no entra en litigio con sus enemigos ante los tribunales creados para arreglar cuestiones individuales, sino que tiene sus leyes especiales y sus jueces que proceden rápidamente y sin las formas ordinarias. Son aquellas las leyes militares y los Consejos de Guerra. El delito está en todas las naciones bien definido, y la competencia del juez la establece el cuerpo del delito. ¿Se ha cometido con armas del Estado con intento de subvertirlo? Es reo de delito militar, sea soldado, paisano o mujer el complicado, porque no ha de decirse que la bala o la bayoneta en manos del paisano es menos mortífera que la del soldado en servicio actual. El comandante general de armas nombrado para hacer la guerra, es juez de la jurisdicción que se le señale, cesando los jueces del crimen ordinarios en sus funciones en todo lo que a la guerra concierne. Esto es así en España, en Inglaterra, Estados Unidos, y en la República Argentina, porque allí como en todas partes, el soberano se basta a sí mismo para su preservación.

Estos principios los practicaba el gobierno nacional, puesto que mandaba juzgar a Clavero por el comandante general, único juez en causa de armas. Nombróse Consejo de Guerra de oficiales generales, aunque el ministro de Guerra creía, en carta particular, que bastaría el ordinario, por haberse encontrado en el escalafón de la Confederación el nombre de Clavero reconocido coronel, y no estaba dado de baja.

La sentencia venía de suyo. Había tomado plazas fuertes, atacado a las tropas nacionales, dado muerte a soldados y declarádose en rebelión, de su propio motu, contra el Presidente, y sin un gobierno revolucionario o sublevado que lo autorizase. Pasóse en consulta al Presidente la sentencia de muerte, como lo manda la ordenanza en caso de que el reo sea oficial, y ahí paró el asunto cuatro meses, hasta que muerto el Chacho, el Ministerio de Guerra comunicó al gobernador de San Juan un proveído, que no venía en los autos, pues que éstos quedaban en su ministerio, declarando nula la sentencia pronunciada en Consejo de Guerra por no estar el reo al servicio del Estado en la época de cometer el delito, y mandando pasar la causa al juez federal de la provincia o al de Mendoza, si allí no lo hubiere.

El gobernador, que no era ya comandante general, mandó el reo en el acto a Mendoza, porque si juez federal del orden civil hubiese habido en San Juan, no tenía éste jurisdicción sobre delito cometido en Mendoza, donde estaba lo que se llama el fuero de la causa.

El público presintió lo que la ley ha previsto desde que se creó la jurisdicción militar para estos delitos, y es que los tribunales ordinarios lo dejarían impune.

Resultaba de esta resolución que el soldado que defendía con su vida al Estado, estaba condenado por ello a los rigores de la ley militar si delinquía; pero que el traidor que lo mataba con el confesado propósito de destruir el gobierno, estaba favorecido por las leyes civiles, y no podía juzgársele sin las garantías de todos los trámites, pruebas, dilatorias, excepciones y artículos de que los litigantes se valen para parar si pueden la acción de la ley cuando afecta a un individuo contra otro.

No recordaríamos este incidente, si él no hubiese dejado establecido en principio que el ejecutivo queda en adelante desarmado para su propia conservación, y abolidas las leyes e instituciones que lo protegen, cosas que no están, por sagradas y fundamentales, a merced de la simple rúbrica de un ministro de guerra.

¿Por qué no usaba el Presidente de su derecho de perdonar, conmutar la pena, o absolver al reo, si tal era su deseo, pues para estos fines manda la ordenanza consultar al rey la sentencia?

¿Por qué no declarar nulo el procedimiento en virtud de algún vicio en la secuela del juicio, sin ir a tocar la jurisdicción militar misma que quedaba para todos los casos abolida? ¡Y la causa ofrecía pretextos en que escoger para darle esta salida a la lenidad, indulgencia, política, o llámesele como quiera! El defensor de Clavero había en un escrito acumulado causas de nulidad con esa profusión que ostentan los abogados cuando el crimen es evidente y la pena es de muerte. Se recusaba al presidente del consejo, por cuanto en una proclama, al aparecer Clavero, había dicho que lo aguardaba la horca. Es, sin embargo, éste el lenguaje textual de la ley que dice de los que asaltan plazas fuertes: "morirán *ahorcados en cualquier número que sean* ".

Ahora veamos cuál era la práctica de los Estados Unidos, ya que la de las demás naciones sería desechada por monárquica, al mismo tiempo que tal declaración se hacía, no olvidando que allí había verdadera guerra civil con gobiernos, propósitos y ejércitos definidos, mientras que en la República Argentina eran bandas de salteadores unos, aventureros otros, sin antecedentes políticos, si no es su ignorancia y sus crímenes.

Durante la guerra todos los Estados amenazados, los leales y los rebeldes, estuvieron bajo la exclusiva jurisdicción de los comandantes generales de los distritos militares, con suspensión de la jurisdicción de las cortes ordinarias, ya federales, ya de Estado, en todo crimen que a la tranquilidad pública afectase, sin excluir diputados al congreso, juzgados militarmente por consejos de guerra, diarios suspendidos por el comandante militar a causa de discursos o escritos hostiles.

Concluida la guerra, a fin de asegurar la tranquilidad, se estableció la *oficina de libertos,* administración militar con jurisdicción judicial para todo lo que se refiriese a los motivos de la guerra y sus efectos, contratos de los negros libertos, reyertas entre federales y confederados. Cuando un reo pedía el privilegio del *habeas corpus,* el juez civil negaba el escrito, por ser militar la prisión y militar el juez.

Declarada por el Presidente, restablecida la paz un año después de haber cesado la guerra, y por tanto entrado el país todo en el estado normal, fuéle consultado desde Georgia: "¿Está suspendida aquí la ley marcial? Si tal caso sucede no puede proceder el general N. a prender individuos que han injuriado a libertos o a refugiados leales." El ministerio contesta por telégrafo: "Abril 16 de 1866. La proclamación del Presidente no suspende la ley marcial ni en manera alguna influye sobre la acción legítima de la *oficina de libertos* . Pero no sería conveniente recurrir a los tribunales militares en ningún caso en que puede obtenerse reparación por medio de las autoridades civiles."

En el juicio seguido por la comisión militar de Alejandría en marzo de 1866 contra los autores de una revuelta, el Presidente mitigó las penas cuando la sentencia le vino en consulta, sin declarar nulo el procedimiento. Y siendo análogo el delito al de Clavero, citaremos parte de los cargos deducidos contra los reos: "asalto y violencia con intención de matar; y estando empeñados en perturbar la tranquilidad pública en oposición y contra el gobierno de los Estados Unidos... la comisión los sentencia a quince años de reclusión y trabajos forzados, etc., etc."

Proclamada la paz, un juez da el escrito de *habeas corpus* al general Lee sometido a juicio militar. Consultado el Presidente, contesta a la comisión militar "que no entregue el reo, tanto más cuanto que la causa se había iniciado antes de la proclamación, y debe continuar en el tribunal que la comenzó". Sin embargo, recomendaba seguir la causa, no sentenciarle y mandarle el proceso para verlo, "porque el Presidente es el juez supremo en juicios militares".

Podemos, en vista de estos hechos, designar claramente la manera de proceder y la ley del caso. En alborotos y bullicios de ciudades, desórdenes de elecciones, rescate de reos por fuerza de número, rige la ordenanza de Carlos III que hace civiles estos juicios, aunque tomen en ello parte militares.

En el caso de ataque de fuerzas, sublevación de tropa, toma de plazas fuertes a mano armada, rige la ordenanza militar, cualquiera que sea la condición del reo.

En las revoluciones políticas con gobiernos y ejércitos revolucionarios, las leyes de la guerra entre naciones protegen a los rebeldes.

Las guerrillas, desde que obran fuera de la protección de gobiernos y ejércitos, están fuera de la ley y pueden ser ejecutados por los jefes en campaña.

Los salteadores notorios están fuera de la ley de las naciones y de la ley municipal, y sus cabezas deben ser expuestas en los lugares de sus fechorías.

Este es el uso que hace, no la república más celosa de las garantías, sino todo Estado, todo soberano, de los privilegios que las naciones se han reservado a sí mismas para proveer a su preservación y conservación, atacadas por quienquiera que sea, nación extranjera, soldado, ciudadano o mujer, que todos pueden dañarla. "Pueden sobrevenir tiempos, dice un constitucionalista inglés, de gran peligro, cuando la conservación de todos exige el sacrificio de los derechos de unos pocos; circunstancias que no sólo justifican sino que fuerzan al temporario abandono de las formas constitucionales. Ha sido la costumbre de todos los gobiernos durante las rebeliones, proclamar la ley marcial o la suspensión de la jurisdicción civil." "La ley marcial, decía Webster, es la ley del ejército, y proclamada, la tierra se vuelve un campamento."

La más alta función del gobierno es dar a la sociedad garantías de reposo, a fin de que ejerza sus derechos y desenvuelva sus elementos. ¿Habría habido mal en indultar a Clavero? Era un acto legal, y podía aconsejarlo una política prudente; pero suprimir la ley en virtud de la cual se castigará a los futuros atentadores contra la seguridad pública, declarando iguales ante el juez al Estado con el individuo cuando de subvertirlo se trata, es sólo condenar la sangre que en su nombre y en el del deber se derrama.

¿Qué juicio formaba el público de aquellos sucesos? Pacificadas las provincias del interior después de lucha tan encarnizada, el *Standard* de julio, diario inglés de Buenos Aires, por lo general bien informado, extraño a cuestiones de partido y reflejo del medio social en que vive, hacía esta accidental apreciación, con motivo del nombramiento del ministro plenipotenciario en los Estados Unidos, recaído en el gobernador de San Juan: "*No trepidamos en decir que no podría haberse elegido persona más apta para aquel puesto. El señor Sarmiento es el autor de un libro de viajes; pero mejor conocido como un grande admirador de las instituciones americanas. Su carrera no ha sido muy feliz en San Juan, y en verdad que su política inquieta ha hecho tal daño al presente gobierno nacional, que el presidente Mitre le hace un favor particular y un servicio a San Juan removiendo su gobernador a Washington.*"

El silencio de los otros diarios asentía sin lastimar en este fallo; las correspondencias particulares lo hacían descender desde las oficinas a los corrillos; y basta ser americano del sur para comprender cuán fácil asentimiento encuentra toda idea que limita la acción del Poder Ejecutivo, en nombre de crudas teorías de libertad que, por desgracia, carecen de ejemplo en la propia historia, y no hallarían modelo en la ajena. La teoría, como la historia del gobierno de los pueblos libres, es todavía un misterio para los que las contemplan de lejos. Las tentativas hechas por organizarlo durante un siglo en la Europa continental, han conducido a la negación misma de la libertad. La de Inglaterra es como aquel sedimento fecundo que los siglos van depositando en las llanuras de las rocas que el tiempo va desagregando; pero la roca existe aun sin acabar de disolverse. De esta desintegración de moléculas, se hicieron los Estados Unidos, petrificando de nuevo una parte para constituir gobierno. La primitiva confederación fue un desgraciado ensayo del gobierno voluntario, sin coerción, y contando sólo con el espontáneo asentimiento. Al ver desmoronarse el frágil edificio, Washington señaló el mal y apuntó el remedio. *Influence,* dijo, *is not government* ; y la nueva constitución de los Estados Unidos salió de ahí, con un gobierno que tiene en sí los poderes para ejecutarse a sí mismo. La tranquilidad interna, la paz exterior por setenta años, fue el fenómeno que la naciente República ofreció a la contemplación del mundo. Cuando causas mórbidas amenazaron disolver la unión, el gobierno halló en su institución los medios de dominarlo todo, resistencias, sucesos y poderosas voluntades. Si alguien le hubiera echado en cara que traspasaba los límites de su acción, habría contestado como Escipión: Vamos a dar gracias a los dioses porque un día como el de hoy se salvó la República. Pero nadie le hizo ese cargo, porque el pueblo norteamericano posee tradiciones de libertad y ha heredado ideas de gobierno. Nosotros de la libertad tenemos la santa aspiración; del gobierno la negación que la tradición de raza nos ha dejado en herencia. Tanto sabe de esto la España como sus colonias, y ambas mirándose de reojo, y siguiendo senderos opuestos, muestran al mundo el triste espectáculo de una eterna convulsión.

El gobierno, muéstralo la Inglaterra y los Estados Unidos su consecuencia, es un largo hecho experimental. La teoría de hoy tiene por base un hecho conquistado ayer; y así remonta los siglos hasta perderse en la conquista de Guillermo. Nuestra experiencia es como nuestra existencia misma. El que más años cuente, tendrá el privilegio de haber sido testigo de mayores desastres. ¡Y qué es la vida de un hombre en esta ciencia acumulada por deposiciones lentas! Tras de la emancipación americana, representada en nuestras armas por un sol naciente, está la noche oscura de la colonia que llega hasta Felipe II; el caos, las tinieblas. Esta es nuestra ciencia propia. Ni como individuos, ni como nación, ni como raza, nos es dado tener confianza en nuestras propias ideas de gobierno. Así se ha visto cómo un bárbaro que no sabe leer, un salteador de caminos, basta para poner en peligro nuestra frágil organización, incapaz por lo mal ajustada de resistir al menor choque. No se ha hecho en Italia entrar en el plan constitucional el *brigandaje* de los Abruzzos, como la *montonera* argentina no se prestará nunca a composición. Son ambas negaciones de la sociedad misma que toda institución orgánica presupone.

Hemos por esto dado grande importancia al drama, al parecer humilde, que terminó en Olta en 1863. Era como las goteras del tejado después que la lluvia cesa, la última manifestación del fermento que introdujeron, Artigas a la margen de los ríos, Quiroga a las faldas de los Andes. El uno desmembró el Virreinato, el otro inutilizó el esfuerzo de Ituzaingó con treinta años de convulsiones internas. Civilización y barbarie era, a más de un libro, un antagonismo social. El ferrocarril llegará en tiempo a Córdoba para estorbar que vuelva a reproducirse la lucha del desierto, ya que la pampa está surcada de rieles. Las costumbres que Rugendas y Pallière diseñaron con tanto talento, desaparecerán con el medio ambiente que las produjo, y estas biografías de los caudillos de la montonera, figurarán en nuestra historia como los megaterios y gliptodontes que Bravard desenterró del terreno pampeano: monstruos inexplicables, pero reales

Thank you for acquiring

El Chacho,
Ultimo Caudillo de la Montonera de los Llanos

This book is part of the
Stockcero Latin American Studies Library Program.
It was brought back to print following the request of at least one hundred interested readers –many belonging to the North American teaching community– who seek a better insight on the culture roots of Hispanic America.

To complete the full circle and get a better understanding about the actual needs of our readers, we would appreciate if you could be so kind as to spare some time and register your purchase at:
http://www.stockcero.com/bookregister.htm

The Stockcero Mission:
To enhance the understanding of Latin American issues in North America, while promoting the role of books as culture vectors

The Stockcero Latin American Studies Library Goal:
To bring back into print those books that the Teaching Community considers necessary for an in depth understanding of the Latin American societies and their culture, with special emphasis on history, economy, politics and literature.

Program mechanics:
- Publishing priorities are assigned through a ranking system, based on the number of nominations received by each title listed in our databases
- Registered Users may nominate as many titles as they consider fit
- Reaching 5 votes the title enters a daily updated ranking list
- Upon reaching the 100 votes the title is brought back into print

You may find more information about the Stockcero Programs by visiting www.stockcero.com

www.ingramcontent.com/pod-product-compliance
Lightning Source LLC
Chambersburg PA
CBHW031632160426
43196CB00006B/390